Geheimtips für Genießer
Sardinien – Spuren der Steinzeit in wilder Natur

SARDINIEN

Spuren der Steinzeit in wilder Natur

Aus dem Italienischen
von Sylvia Höfer

edition spangenberg bei Droemer Knaur

Die Deutsche Bibliothek – CIP-Einheitsaufnahme

Sardinien : Spuren der Steinzeit in wilder Natur / [Slow Food]
Aus dem Ital. von Sylvia Höfer. [Text: Irene Ciravegna ; Piero Sardo. Red.: Paola Gho ...
Fotos: Gianfranco Fois]. – München : Ed. Spangenberg bei Droemer Knaur, 1996
(Geheimtips für Geniesser)
Einheitssacht.: Oristano e l'Arborea <dt.>
ISBN 3-426-26851-5
NE: Ciravegna, Irene; Fois, Gianfranco; Höfer, Sylvia [Übers.]; Arcigola Slow Food; EST

Koordination: Giovanni Ruffa, Mavi Negro
Text: Irene Ciravegna, Piero Sardo
Redaktion: Paola Gho, Silvia Pettiti,
Maria Sciannimanica
Fotos: Gianfranco Fois
Copyright © der deutschsprachigen Ausgabe
Droemersche Verlagsanstalt Th. Knaur Nachf.,
München 1996
Die Originalausgabe erschien in Italien unter dem
Titel »Oristano e l'Arborea. Fenicotteri rosa fra acque
e antiche pietre« bei Arcigola Slow Food Editore,
Bra (Cn).
Copyright © 1993 Arcigola Slow Food Editore
Karten, Gestaltung, Satz: Gabriele Klann
Umschlaggestaltung: Vision Creativ Design, München
Umschlagfotos: Bavaria, Gauting;
Studio L'Eveque, Harry Bischof, München. Aus:
Josef Thaller, Hunsingers Fischküche. Matthaes Verlag.
Druck und Bindung: Clausen und Bosse, Leck
Printed in Germany

ISBN 3-426-26851-5
5 4 3 2 1

Inhalt

Benutzerhinweise

TIPS & INFOS
Ausführliche Informationen finden Sie ab Seite 124

In Kurzform nützliche Hinweise und empfehlenswerte Adressen (Hotels, Campingplätze, Restaurants, Osterie, Weinkellereien, Bars, Cafés, Läden, Werkstätten …)

Essen und Trinken

Trattoria Roma   Restaurant mit guter Küche
Trattoria Roma ★   Restaurant mit sehr guter Küche
Trattoria Roma ★★   Restaurant mit ausgezeichneter Küche, nicht versäumen

🐌 Restaurant, das uns besonders gut gefällt aufgrund seines gemütlichen Ambientes, der traditionellen Küche und der unverfälschten Gastfreundschaft

Die Karten

Voraussichtliche Dauer der Ausflüge

 1 TAG mit dem Auto   Abstecher

 1 STD. mit dem Fahrrad   Fahrradtour

 2 STD. zu Fuß   Wanderung

 Olivenhain   Hotel

 Zitronenhain   Aussichtspunkt

 Weinkellerei   historisches Gebäude

 Restaurant, Osteria   sakrales Gebäude

Gute Gründe für einen Besuch

Meer, Badestrände und noch viel, viel mehr …

Die Aufforderung, im Urlaub einmal nach Sardinien zu fahren, klingt vielleicht etwas phantasielos oder gar überflüssig, da alljährlich bereits mehr als sieben Millionen Touristen auf die Mittelmeerinsel strömen. Zumindest im Juli und im August sind Fähren, Flugzeuge, Hotels und Restaurants einem beängstigenden Ansturm ausgesetzt, der nicht nur die Aufnahmekapazität der Insel und ihre Verbindungen zum Festland auf eine harte Probe stellt; auch die Infrastruktur, die Wasserversorgung, die sanitären Anlagen und das Straßennetz sind in diesen beiden Monaten hoffnungslos überlastet, denn sieben Millionen Menschen ergießen sich mehr oder weniger gleichzeitig über die 1845 Kilometer lange Küste. Doch wir verraten Ihnen kein Geheimnis, wenn wir sagen, daß sich die Masse der Besucher, die nur Strand und Sonne sucht, in den bekanntesten und touristisch am besten ausgestatteten Orten zusammendrängt.

Die sardischen Strände, die zu den schönsten der Welt zählen, sind für diese Sommertouristen die wichtigste, wenn nicht die einzige Attraktion. Und daß diese einseitige Belastung der Küstenregion alle nur denkbaren Probleme und Gefahren für die Umwelt mit sich bringt, liegt auf der Hand.

An dieser Stelle brauchen wir nicht alle Initiativen der letzten Jahre aufzuzählen, die sich für einen effizienteren Schutz des Ökosystems der Insel einsetzen. Aber allen Sarden und insbesondere jenen, die im Fremdenverkehr tätig sind, muß klar sein, daß die üblen Bausünden – über die bereits heute unübersehbaren Verschandelungen hinaus – eine Umlenkung der Touristenströme bewirken können, denn am Ende werden die Betonklötze auch jene Besucher abschrecken, die auf Sardinien in erster Linie Sonne, Strand und Meer suchen.

Die Landschaft des Oristanese als unberührt zu bezeichnen wäre sicherlich übertrieben. Doch die Tatsache, daß von den über sieben Millionen Touristen, die jährlich nach Sardinien kommen, nur 280 000 diese Provinz zum Ziel haben, spricht für sich. Natürlich liegt dies zum Teil daran, daß Oristano etwas vom Rest der Insel abgeschnitten ist: Hier landen keine Fähren; die Provinz verfügt über keinen eigenen Flughafen, und ihr Hauptort liegt von den beiden neuralgischen Punkten der Insel – den Städten Sassari und Cagliari – etwa gleich weit entfernt. Aber daß sich die Besuchermassen von diesem Teil der Insel fernhalten, ist offensichtlich nicht nur seiner relativen Abgeschiedenheit zu verdanken. Das Oristanese spricht den anspruchsvollen Reisenden an, der mehr sucht als nur die berühmte weißsandige Bucht oder den einsamen Strand. Wenn Sie sich im Folgenden mit unseren Empfehlungen auseinandersetzen, werden Sie feststellen, daß wir die Faktoren »Sonne, Strand und Meer« in dieser Gegend als gegeben voraussetzen, und tatsächlich sind auch einige ihrer Strände wirklich wunderschön: Hier finden Sie

Sonne, glänzende Quarzkiesel und makellosen Sand, kristallklares Wasser, aber auch zauberhafte Panoramen mit malerischen Ruinen, grünen Bergen und faszinierenden Vogelkolonien.

Wenn Sie nicht nur an der Küste bleiben und den von uns empfohlenen Routen ins Landesinnere folgen, werden Sie Steinmonumente, romanische Kapellen, alte Häuser aus Basaltstein, Eichenwälder, Seen und Hochplateaus entdecken, auf denen sich wildlebende Fohlen tummeln; Sie können Brunnenheiligtümer bestaunen und religiöse Feste beobachten, die heute noch unter reger Beteiligung der Bevölkerung gefeiert werden und so manche heidnischen Züge aufweisen. Und Sie lernen eine hochinteressante Gastronomie kennen, die zum Teil geradezu exotisch wirkt, obwohl sie so bodenständig ist wie kaum eine zweite in Italien. Die westsardische Küche verwendet fast ausschließlich einheimische Produkte: Es gibt schmackhafte Gerichte aus dem Gemüse der Sinis-Halbinsel, frische Fische aus den Küstenseen und aus dem Meer, Orangen und Zitronen von den Agrumenpflanzungen, Pilze und Wildbret aus den nahen Bergen, Käse und andere Molkereiprodukte von den üppigen, wildkräuterreichen Weiden, Zicklein und Lämmer, Honig und

feine Süßspeisen, Brot, das nach traditionellen Rezepten und in althergebrachten Formen gebacken wird, und – last, but not least – unvergleichliche Weine.

Warum geht von dieser Gegend trotz ihrer ganzen Bodenständigkeit ein Zauber des Exotischen aus? Vor allem weil es sich um einen ganz dem Meer zugewandten Landstrich handelt. Wie alle *Finisterrae* löst auch das Küstengebiet des Oristanese Unbehagen und Unruhe aus. Andererseits wird es von den Gebirgsmassiven des Monte Arci und des Montiferru beherrscht, deren Hänge zu den dichtest besiedelten Zonen der Gegend gehören. Weitere Besonderheiten dieses Landstrichs sind die weitverbreitete Fruchtbarkeit und sein Wasserreichtum, während er zugleich auch über die einzige Wüste Europas verfügt. Daß in dieser Region eine Unmenge archäologischer Funde und Ruinen von der Existenz früherer Kulturen zeugen, zugleich aber ein Gefühl des Wilden, Unbesiedelten, von der Zivilisation Unberührten vorherrscht. Daß sich auf kleinem Raum die ganze Vielfalt der sardischen Landschaft widerspiegelt, das Oristanese aber dennoch besondere, fast exotische Merkmale besitzt, zum Beispiel die Küstenseen, die erloschenen Vulkane, die hier heimische Flora und eine Reihe von wildlebenden Tieren, die nur hier anzutreffen sind.

Die Kathedrale von San Giovanni di Sinis.

Ein Leitfaden
Die Faszination des Wassers

Wir möchten Ihnen empfehlen, sich auf Ihrer Reise durch das Oristanese von der Faszination leiten zu lassen, die gerade in dieser Gegend vom Wasser ausgeht. Sicher wäre es viel einfacher und praktischer, wenn Sie sich spezifischere, konkretere Themen auswählten und sich etwa auf eine Birdwatching-Tour oder ein Archäologie-Trekking oder einfach nur auf die Genüsse einer der interessantesten, durch erstklassige, frische Zutaten veredelten Küchen Italiens beschränken würden. Aber unserer Meinung nach ist das Wasser das einzige Verbindungsglied zwischen den verschiedenen Landschaften und Klimazonen, die so wenig miteinander gemein haben wie die Zeugnisse der unterschiedlichen historischen Epochen, denen man in dieser Gegend immer wieder begegnet. In diesem sonnengegerbten Land ist Süßwasser ein so kostbares Gut, daß man von jeher respektvoll mit ihm umging und es in den alten Zeiten auch zum Gegenstand eines besonderen Kultes machte. Andererseits hat das salzhaltige Wasser des Meeres und der Küstenseen Geographie und Kultur des Oristanese geprägt und wird deshalb auch auf unseren Erkundungsfahrten und Ausflügen eine wichtige Rolle spielen.
Beginnen wir also unsere Reise an der Küste eines völlig offenen Meeres mit unver-

stelltem Horizont; ihr ist keine Landmasse vorgelagert, die sein Ungestüm bremsen könnte, und so sammelt der Mistral vom Golf von Lyon bis zur sardischen Westküste gewaltige Kräfte an. Es ist ein oft windgepeitschtes Meer, aber aus ebendiesem Grund reich an natürlichen Aromen und klaren Farben, und sein Fischreichtum beweist seine ungebrochene Vitalität. Ein sauberes Meer, das Sie von den Stränden aus genießen können – von den ausgedehnten Sandstränden des Golfs von Oristano, wo das Meer hin und wieder die typischen Eigenschaften eines Binnensees aufweist, bis zu den glitzernden Stränden vor den schwarzen Felsen der Halbinsel von Tharros, den Stränden mit dem immer feineren Kies der Sinis-Halbinsel bis hin zu dem berühmten Strand von Is Arenas mit seinem wirklich puderweichen Sand. Gleich hinter dem Meer und seinen Stränden liegen dann die Küstenseen: vom Stagno di Marceddì und dem Stagno di San Giovanni, die sich fast mit dem Meer zu vermengen scheinen, bis zu den Küstenseen Sale Porcus und Is Benas im Norden der Sinis-Halbinsel, die in eine rauhe, öde Landschaft eingebettet sind und im Sommer fast völlig verdunsten.

Obwohl diese Gewässer salzhaltig sind, bieten sie einer vielfältigen Vogelwelt hervorragende Jagdgründe und sind dank ihres legendären Fischreichtums auch ein bedeutender Wirtschaftsfaktor für die Bewohner dieser Gegend. Wir können gut verstehen, warum die Alten im nahegelegenen unterirdischen Heiligtum von San Salvatore, einer weiteren Station unserer Reise, einen Wasserkult praktizierten, denn die Tatsache, daß in dieser so stark der Sonne ausgesetzten, trockenen Gegend, in der das Salzwasser des Meeres und der Küstenseen dominiert, Süßwasser entspringt, grenzt an ein Wunder. Niemand braucht sich deshalb zu wundern, daß bereits im Zeitalter der Nuraghenkul-

tur ein in den Felsen gehauener Tempel diese kostbare Quelle einschloß und die Bewohner des Umlandes zum heiligen Respekt vor dieser Quelle aufgefordert wurden.

Von San Salvatore aus können wir dem Lauf des Tirso bis zu den beeindruckenden Ruinen der römischen Thermen von Fordongianus folgen. Hier entspringt eine üppig sprudelnde heiße Quelle, die die Frauen des Dorfes noch heute zum Wäschewaschen benutzen.

Weiter flußaufwärts kommen wir dann zum Omodeo-Stausee, dem größten Stausee Italiens, der zwischen 1918 und 1924 durch den Bau des Staudamms von Santa Chiara entstand – ein Wasserreservoir, das für die Wirtschaft der ganzen Region von vitaler Bedeutung ist. In diesem riesigen Wasserspeicher sind ganze Dörfer versunken (einige Kirchen wurden etwas bergauf wieder aufgebaut), archäologische Überreste und sogar ein versteinerter Wald aus dem Miozän, dessen Spuren man im Sommer, wenn der Wasserspiegel des Sees sinkt, noch erkennen kann. Ein künst-

liches Gewässer, das Landschaft, Klima und die landwirtschaftlichen Aktivitäten verändert hat und sich noch immer nicht richtig in die Umgebung einfügt. Tatsächlich sind die Ufer des Sees unbesiedelt – einmal abgesehen von den berühmten Novenari, kleinen Dörfern, die nur wenige Tage im Jahr während bestimmter religiöser Feste bewohnt sind. Beim Anblick dieser »Geisterdörfer« werden Sie vielleicht ein wenig erschauern und ein vages Gefühl des Unbehagens verspüren. Dann können Sie auf Pfaden den Montiferru und den Monte Arci erkunden und Ausschau halten nach den zahlreichen kleinen sauberen Quellen, welche Viehtränken, kleine Bäche und öffentliche Brunnen und, auf der Giara di Gésturi, die kleinen Süßwasserseen Paùli Oromeo und Paùli Aba Mingiàu speisen; diese sind

leicht alpinem Charakter verwandelt hat. Wenn man die Straße hinunterfährt, die nach Oristano zurückführt, kommt man zu dem Brunnenheiligtum von Santa Cristina, dem am besten erhaltenen und imposantesten auf der ganzen Insel. Versäumen Sie nicht, die elegant angelegten Stufen hinunterzusteigen, die ins finstere Zentrum des Brunnens führen. Dort tröpfelt das Wasser langsam durch eine uralte Leitung und läßt Sie das ehrfürchtige Staunen des pränuraghischen Hirten angesichts der Kraft dieses lebenspendenden Elements nachvollziehen. Dann kehren Sie über die trockengelegte Ebene von Arborea, die früher einmal Sumpfland war und heute, nach der Urbarmachung und auch dank ihres großen Wasservorrats, überaus fruchtbar ist, zum Meer zurück. Legen Sie an der Küste von

in eine leuchtende und wohlriechende mediterrane Macchia eingebettet und dienen den berühmten wildlebenden Fohlen der Giara als Tränke.

Bergwasser sprudelt bei San Leonardo de Siete Fuentes ganz frisch aus sieben im Ortsnamen festgehaltenen Quellen, um die herum ein Wald gewachsen ist, der sich im Laufe der Zeit in einen Park mit

Arborea, in der Nähe von Santa Giusta, eine Pause ein: Hier haben Sie das Meer vor sich, während rechts und links das Licht der Küstenseen changiert; rundum sehen Sie düstere archäologische Ruinen, die die Präsenz unterirdischer Gewässer markieren. Und so schließt sich ein Kreis von Erlebnissen, die Sie so bald an keinem anderen Ort wiederholen können.

Sehen und verstehen
Menschen aus Stein

Wir Sarden sind aus Stein. Und unsere Geschichte ist aus Stein. Das bezeugen die Nuraghen, die Brunnenheiligtümer und die Gräber. Viele Sarden schämen sich dafür. Ich nicht. Ich war Hirte, und die Kultur, die die Nuraghen hervorgebracht hat, zirkuliert noch in meinen Adern. Ja, ich bin dieser Stein.« So hat es Gavino Ledda, der Verfasser von »Padre, Padrone«, in einem Interview ausgedrückt, und seine Worte treffen insofern genau ins Schwarze, als sie den Eindruck zusammenfassen, den diese zugleich agrarisch und archäologisch geprägte Landschaft im Betrachter weckt.

Was hier als erstes ins Auge fällt, ist die Harmonie zwischen Zivilisation und Natur: Wir begegnen vielen bedeutenden Monumenten aus Stein, die sich perfekt in eine Natur einfügen, welche auf den ersten Blick ebenfalls völlig aus Stein zu bestehen scheint. Eine direkt der Prähistorie entsprungene Landschaft, die sich alle aufeinanderfolgenden historischen Epochen zu eigen gemacht hat. Ungefähr siebentausend Nuraghen sowie Hunderte von Dörfern und megalithischen Gräbern aus der Nuraghenzeit kennzeichnen diese Region; sie statten sie einerseits mit bedeutenden Erinnerungen an die Vergangenheit aus, andererseits umgeben sie auch die Gegenwart mit einem Hauch von Altertümlichkeit.

Diese großartigen Überreste stammen aus einer insgesamt etwa 1500 Jahre (von 1800 bis 238 v. Chr.) dauernden Epoche. Tatsächlich weist der älteste Typ der Nuraghen, der schon in der ersten (1800 bis 1500 v. Chr.), aber vor allem in der zweiten Phase der Nuraghenkultur (1500 bis 1200 v. Chr.) einen Höhepunkt erreicht, eine ziemlich elementare Form auf: Es handelt sich um einen einfachen, einzelnstehenden Turm mit einem schuhförmigen Querschnitt in einem oben horizontal gekappten Kegel, auf dem sich noch eine Terrasse mit Brüstung befindet. Die ohne Mörtel übereinandergeschichteten Ringe aus Steinen verjüngen sich nach oben, und je höher man steigt, desto kleiner werden auch die unregelmäßig geformten Steinblöcke. Hinter der im allge-

Die Nuraghe von Santa Lucia in Usellus.

meinen dem Mistral abgewandten Eingangstür führt ein Vorraum, der auf der einen Seite von einer kleinen Zelle aus bewacht werden kann, in eine runde Kammer. Die Decke ist, gemäß dem System der sogenannten Tholos-Decke, kuppelförmig gewölbt und aus vorkragenden Steinringen gebaut. Eine gemauerte Wendeltreppe, zu der man über den Vorraum gelangt und die durch eine Art Fenster

Die Nuraghe von Santa Lucia, eine der interessantesten der Insel.

mit dem mittleren Raum verbunden ist, windet sich innerhalb der dicken Mauern nach oben. Dort befindet sich bereits die Terrasse oder, in den komplexeren Bauten, ein zweites Stockwerk mit Zimmern und dann, entsprechend weiter oben, die Terrasse.

Die dritte Phase der Nuraghenkultur (1200 bis 900 v. Chr.) wird von der Archäologie nicht zufällig als »Belle Epoque der Nuraghen« bezeichnet. Man schätzt, daß Sardinien zu jener Zeit ungefähr 250 000 Einwohner zählte (diesen Stand sollte die Insel erst wieder um 1400 n. Chr. erreichen). Viele Könige an der Spitze kleiner Königreiche regierten damals das Nuraghenvolk, das fast ausschließlich aus Hirten bestand. Aus dieser Zeit stammen die sogenannten Mehrpaß-Nuraghen, komplexe Bauten von großer Monumentalität, da neue Elemente an die alten, einzeln-

stehenden Türme angebaut wurden. Bis zu zehn Türme fügte man an, wie etwa im Fall der riesigen Nuraghe S'Uraki in der Nähe von San Vero Milis. Die neuen Türme bilden, zusammen mit den Mauern, die sie miteinander verbinden, mächtige Festungen von zehn bis fünfzehn Meter Höhe, die nur von dem alten zentralen Turm oder Hauptturm überragt werden. Oft verbindet ein Hof den ursprünglichen Bau mit den neuen Teilen; diese sind manchmal von einer Art Balkon gekrönt, der, wie bei den Burgen des Mittelalters, von Konsolen getragen wird.

Und um regelrechte Burgen handelte es sich auch – sowohl im Hinblick auf ihre Dimensionen als auch aufgrund der technischen Gestaltung ihrer Türme; diese waren inzwischen mit Schießscharten und Zwischenwällen ausgestattet, die ihrerseits von einem vorgeschobenen Mauerring geschützt wurden. Versteckte Laufgräben und Rampen, erhöhte Eingänge, Falltüren und tote Winkel, Brunnen, die im Fall langwieriger Belagerungen von größter Bedeutung waren – all dies unterstreicht den Festungscharakter solcher Nuraghen, die nicht nur als fürstliche Residenzen, sondern auch der Verteidigung des ganzen Umlandes dienten.

Die Nuraghe S'Uraki bei San Vero Milis ist mit Abstand die monumentalste. Heute ist es schwierig, sie als Gesamtanlage zu verstehen. Anders die Nuraghe Losa, wo auch einige Überreste des dazugehörenden Dorfes erhalten geblieben sind. Rund um die Burg siedelten sich nämlich die Untertanen an. Außerdem wurden in ebendieser dritten Phase die

Nuraghendörfer durch einen (unterirdischen) Tempel erweitert.

Auf den Beginn des ersten Jahrtausends v. Chr. gehen die Brunnenheiligtümer zurück, die künstlerisch hoch entwickelt sind; ein besonders anschauliches Beispiel ist bei Santa Cristina zu bewundern. Neben dem Dorf entstanden in dieser Zeit auch die megalithischen Gräber, volkstümlich »Gigantengräber« genannt, die als kollektive Grabstätte dienten.

Was das Dorf selbst anbelangt, so läßt die ziemlich ungeordnete Anlage – ohne Straßen und freie Plätze – auf eine primitive bäuerliche Kultur schließen. Viel klarer und etwas weiter fortgeschritten ist dagegen die Form des Hauses mit kreisförmigem Grundriß, das sich wie eine Schutzhülle um den zentralen Hof legt. Auf ihn blicken die einzelnen Räume, die, wie heute noch die Hütten der Hirten, mit Laub bedeckt waren.

Für diese sardische Eigenart des Rundbaus ist die Nuraghe also das herausragendste Beispiel. Die große Anzahl dieser im Laufe vieler Jahrhunderte errichteten Bauten beweist, daß er den natürlichen Gegebenheiten der Insel perfekt angepaßt ist.

Die meisten Nuraghen finden sich in der Gegend, die an die Hochebenen des Meilogu, der Campeda und von Abbasanta angrenzt. In diesem Sinne bietet schließlich die Sinis-Halbinsel einen idealen Zugang nur Nuraghenkultur, denn sie führt zu jenen Hochebenen, die sich unter anderem auch besonders gut für die Schafzucht eignen.

Es ist sicher kein Zufall, daß die heutige Superstrada, die sich der Trasse der 1832 von den Savoyern gebauten Carlo Felice bedient, der uralten Längsachse folgt, an der entlang die Nuraghen zur Bewachung der Hauptverkehrswege der Insel errichtet wurden. Vielleicht dienten diese Bauten einst auch dem Schutz der großen Herden.

Säulenförmige Zerklüftungen im Bastaltandesit von Is Aruttas Santas, in der Nähe von Villaurbana.

Die Routen

Oristano bietet sich als idealer Ausgangspunkt für unsere Touren an. Diese vor rund 1000 Jahren gegründete Stadt erlebte ihre Glanzzeit im Spätmittelalter, als sie Hauptstadt des Judikats Arborea war. Oristano ist der Ursprungsort vieler Legenden, die sich um die Richterin Eleonora von Arborea ranken – eine der wenigen »Heldinnen«, die die italienische Geschichte kennt. Doch die Richterin ist nicht nur in den Legenden lebendig geblieben. Tatsächlich hat das Stadtgefüge viele Spuren aus dieser Zeit bewahrt. Auch die Zeugnisse aus der Zeit der spanischen und der savoyischen Herrschaft sind hier nicht zu übersehen.

Die Fahrt durch jenen Teil der Sinis-Halbinsel, der sich zwischen den Küstenseen und dem Meer rund um Cabras erstreckt, bietet wunderschöne Ausblicke auf eine wirklich einzigartige Landschaft, die im Laufe der Jahrhunderte von den Aktivitäten der hier schon seit Urzeiten siedelnden Menschen geprägt worden ist. Die Ruinen der phönizischen Stadt Tharros auf der Südspitze der Halbinsel sind nur die spektakulärsten Zeugnisse dieser eindrucksvollen Geschichte.

Vom Stagno di Santa Giusta führt eine dritte Route über das vulkanische Massiv des Monte Arci und die Hochebene der Giara tiefer ins Landesinnere, bis ins Tirsotal und zu den heißen Quellen von Fordongianus, einem alten römischen Badeort – vorbei an vielen Ruinen aus pränuraghischer und nuraghischer Zeit und an jahrtausendealten Wäldern, die eingebettet sind in eine Natur von besonderem Reiz.

Ebenfalls von Oristano aus gelangen wir über den Montiferru zu dem am meisten besuchten und bekanntesten Teil der Küste des Oristanese. Wir kommen durch einige kleinere Orte mit altem Stadtbild und noch lebendigen Zeugnissen der Insel-Folklore sowie durch ein paar Ferienorte in den Bergen. Wir besuchen kleine Museen, die der lokalen Geschichte gewidmet sind, Dorf- und Volksfeste sowie Feste mit religiösem Hintergrund. Schließlich besichtigen wir zwei der archäologisch bedeutsamsten Punkte der ganzen Insel – den Ort Santa Cristina und die Nuraghe Losa.

Oristano, eine kleine Provinzhauptstadt

Auf der Sinis-Halbinsel zwischen Meer und Küstenseen: von Oristano über Marina di Torre Grande, San Giovanni di Sinis, Capo Seu, Is Arutas, Putzu Idu, Mandriola und Cabras

Der Monte Arci und die Giara:
von Oristano über Santa Giusta, Arborea, Marrubiu, Uras, Mógoro, Masullas, Gonnostramatza, Simala, Ales, Pau, Villa Verde, Usellus, Assolo, Villa Sant' Antonio, Samugheo, Busachi, Fordongianus und Simaxis

Zum Montiferru:
von Oristano über Nurachi, Riola Sardo, Santa Caterina di Pittinuri, Cuglieri, San Leonardo de Siete Fuentes, Santu Lussurgiu, Ghilarza, Norbello, Tadasuni, San Serafino, Zuri, Sédilo und Santa Cristina

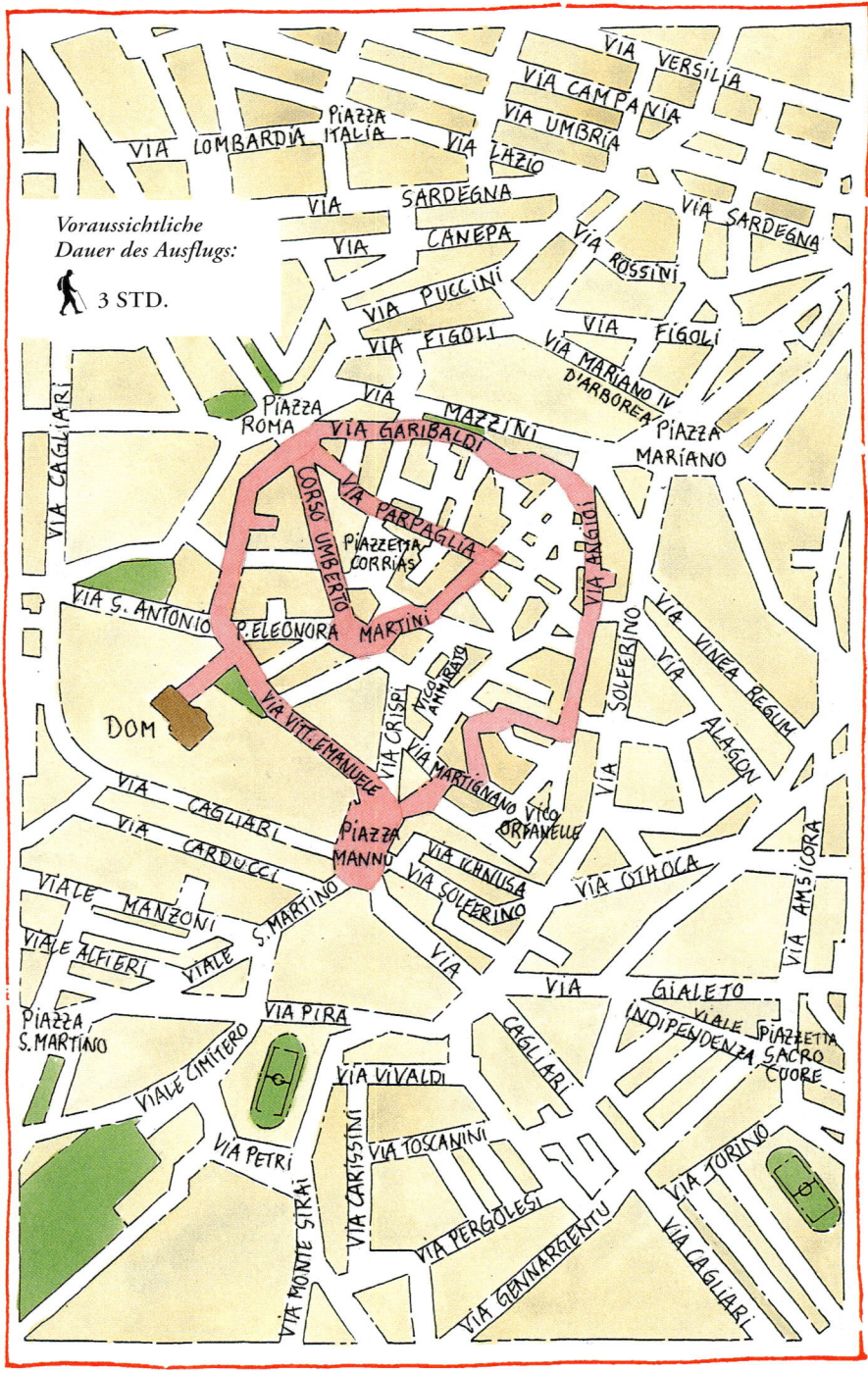

Voraussichtliche Dauer des Ausflugs:

3 STD.

Oristano, eine kleine Provinzhauptstadt

Oristano bietet sich für diesen und die anderen Ausflüge als Ausgangspunkt an, da es die Hauptstadt des historischen Judikats Arborea ist, dessen Gebiet ungefähr der heutigen Provinz Oristano entsprach. Man kann sagen, daß Oristano seit ungefähr tausend Jahren, genauer gesagt seit seiner Gründung um das Jahr 1070, nicht nur das politische und administrative, sondern auch das geographische Zentrum der Region bildet. Ihre Blütezeit erlebte diese Stadt im späten Mittelalter, als sie von einer Reihe kluger Richter, Giudici oder *Judices,* aus der Familie Serra regiert wurde, der auch die legendäre Richterin Eleonora entstammte. Heute erweckt Oristano eher den Eindruck einer ziemlich verschlafenen Kleinstadt. Oberflächlich betrachtet wirkt sie modern und ziemlich gesichtslos; viele Spuren aus der Richterzeit wurden erst im Laufe des 20. Jahrhunderts getilgt. Sie hatten die Herrschaft der Spanier und danach die der Savoyer überstanden, obwohl der Ort nach dem Verlust der Unabhängigkeit im Jahre 1478 und infolge der Malaria und der ständigen Abwanderungen längst zu einem unbedeutenden Weiler herabgesunken war. Heute kann man nicht mehr die mächtigen Stadtmauern sehen, die zu Beginn unseres Jahrhunderts abgerissen wurden, obwohl solche Anfälle von Demolierungswut zu jener Zeit eigentlich schon passé waren. Was danach neu gebaut wurde, nahm leider wenig Rücksicht auf das traditionelle Stadtbild. Deshalb sieht sich jeder, der mit dem Auto von Sassari oder Cagliari auf der obligaten Via Cagliari in den Ort kommt, mit einer Stadt konfrontiert, die von einem anonymen baulichen Mischmasch geprägt ist. Hier ste-

Der Dom ist ein gelungenes Beispiel für ein in Oristano immer wiederkehrendes Phänomen: Es handelt sich um einen Bau aus dem 14. Jahrhundert, der in späterer Zeit ergänzt und vollendet wurde.

hen viele überdimensional erscheinende Gebäude neben kleinen Villen oder bescheideneren Bauten aus den unterschiedlichsten Epochen. Wenn man aber das Auto in der Nähe der historischen Altstadt abstellt, die man gut zu Fuß besichtigen kann, begegnet man Spuren einer durchaus würdevollen Vergangenheit, die aber bisweilen recht vernachlässigt wirken. Faireweise muß man einräumen, daß das Interesse für die Altstadt in letzter Zeit gewachsen zu sein scheint, was sich in einer Reihe sinnvoller Sanierungsmaßnahmen niedergeschlagen hat. Eine der wichtigsten galt dem Palazzo Parpaglia, dem neuen Sitz des Antiquariums.

Die barocke Glockenstube und die majolikaverkleidete Kuppel des Domes.

Unser Rundgang beginnt an der Piazza Mannu, einem baumgesäumten Platz, auf den die Via Cagliari mündet. Hier stand früher einmal eines der Stadttore, und dort, wo sich heute der Palazzo delle Carceri befindet, erhob sich einst der Palazzo Giudicale. Nach Ansicht von Fachleuten würden Ausgrabungen hier sicherlich interessante Dinge zutage fördern. Von der Piazza Mannu gehen wir weiter durch die Via Vittorio Emanuele, die sich bald auf die Piazza Catedrale, den Domplatz, öffnet. Auf der linken Seite sehen wir das erzbischöfliche Palais, das über den alten Verliesen des Bischofs errichtet wurde. Über eine kurze Treppe gelangen wir dann zum Dom mit seinem großen polygonalen Glockenturm.

Wir stehen vor einem besonders gelungenen Beispiel für ein in dieser Stadt immer wiederkehrendes Motiv: Ein ursprünglich aus dem 14. Jahrhundert stammendes Bauwerk wurde durch zahlreiche An- und Umbauten nach und nach verändert. Für den gesamten Bau wurde Sandstein verwendet. Bis zur zweiten Reihe der eleganten Einzelbogenfenster geht die Kirche auf das 14. Jahrhundert zurück; barock ist dagegen die Glockenstube mit ihren großen Maskenverzierungen, die aus rotem Trachyt angefertigt wurden, ebenso wie die mit Majolika verkleidete zwiebelförmige Kuppel. Da für den großen Dombau im 18. Jahrhundert derselbe Stein verwendet wurde, fällt er nicht aus dem Rahmen. Auf seiner barocken Fassade sticht – über dem Portal – das Wappen mit dem entwurzelten Baum hervor: Es handelt sich um das Wahrzeichen der Arborea, das man auch an anderen Gebäuden auf dem Platz wiederfindet. Das Kircheninnere wird von barockem Prunk beherrscht. Das beste Beispiel dafür ist der grandiose Hauptaltar. Überreste des älteren, aus der Zeit der Richter stammenden Baus sind im rechten Querschiff zu sehen, wo sich die Cappella del Rimedio befindet, deren Balustrade aus zwei Fragmenten eines romanischen Ambos besteht; beim Altar der Kapelle, wo man weitere Überreste des Ambos erkennen kann, steht auch die Madonna del Rimedio, eine mehrfarbige Marmorstatue aus dem 14. Jahrhundert. Ebenfalls auf das 14. Jahrhundert geht die Statue mit dem Thema »Mariä Verkündigung«, ein Werk von Nino Pisano, zurück, die sich in der ersten rechten Seitenkapelle befindet. Abgesehen von diesen Resten aus der Zeit der Richter verleihen die aus dem 20. Jahrhundert stammende Ausschmückung des Schiffes und die klassizistischen Elemente des Querschiffes dem ganzen Kircheninneren einen eklektischen Charakter.

Der Domplatz wird komplettiert durch das imposante, ebenfalls aus Sandstein erbaute Tridentinische Seminar aus dem 16. Jahrhundert (siehe Foto), während ein daran angrenzendes modernes 08/15-Gebäude mit weißem Verputz und grünen Rolläden die Harmonie des Ensembles erheblich stört.

Zum Abschluß unseres Rundgangs über die Piazza finden wir bei der Nummer 17 den Sitz der Kooperative der Sardischen Züchterinnen, den zu besuchen sich lohnt (siehe S. 25). Wenn man weitergeht, kommt man auf der anderen Straßenseite zu der rein klassizistischen Kirche San Francesco, in der das berühmte mehrfarbige

TIPS & INFOS
Ausführliche Informationen finden Sie auf Seite 132 ff.

ORISTANO

Einwohner: 29424
Höhe: 9 m ü. d. M.
Postleitzahl: 09170
Vorwahl: 0783

Informationen
EPT
Via Cagliari, 278
Tel. 7 41 91

Pro loco
Via V. Emanuele, 8
Tel. 7 06 21

Museen
Antiquarium
Palazzo Parpaglia

ÜBERNACHTEN

Hotel CA.MA.
Via Vittorio Veneto, 119
Tel. 7 43 74
Fax 7 43 75

Hotel I.S.A.
Piazza Mariano, 50
Tel. 36 01 01

Mistral
Via Martiri di Belfiore
Tel. 21 25 05
Fax 21 00 58

Mistral 2
Via XX Settembre
Tel. 21 03 89

Villa delle rose
Piazza Italia, 5
Tel. 31 01 01/31 01 17

Das Tridentinische Seminar.

Eleonora d'Arborea
Geschichte und Legende

Frankreich hat seine Jeanne d'Arc, Oristano seine Eleonora d'Arborea, die berühmte »Richterin«. Dieser Begriff bedeutet in Sardinien ungefähr soviel wie »Königin«, weil Sardinien nach Beendigung der byzantinischen Herrschaft von diesen Richtern oder Giudici regiert wurde; die ihnen unterstellten Herrschaftsgebiete wurden Giudicati oder Judikate genannt. Eleonora war eine Prinzessin, die bei Hof aufwuchs und deshalb selbstverständlich auch auf die Jagd ging: Ihr zu Ehren wurde der Falke, mit dem man im Mittelalter auf die Jagd ging, »Eleonorenfalke« genannt. Tatsächlich wissen wir nur sehr wenig über sie; nicht einmal ihr Geburtsjahr ist bekannt (wohl um 1345). Was über sie urkundlich belegt ist, läßt sich schnell zusammenfassen: Die Tochter des Richters Mariano IV. heiratete einen Angehörigen der Genueser Familie Doria und trat nach der Ermordung ihres Bruders Ugone und dessen einziger Tochter das Erbe ihres Vaters an. Ihr Vater Mariano war der bedeutendste Exponent der berühmten Familie Lacon-Serra, die über vier Jahrhunderte lang Oristano beherrschte.

Unter Mariano erreichte das Judikat von Arborea seine größte Ausdehnung; es umfaßte praktisch das gesamte Territorium der Insel mit Ausnahme der beiden aragonesischen Festungen Cagliari und Alghero. Als Eleonora mit vierzig Jahren die Herrschaft übernahm, erlebte ihre von aragonesischen Truppen bedrohte Region gerade eine äußerst kritische Zeit. Eleonora verstand es, den Invasoren ganz allein die Stirn zu bieten, denn ihr Gemahl, Brancaleone Doria, war vom Feind gefangengesetzt worden. Als dieser später nach Oristano zurückkehrte, beschränkte sich Eleonora auf ihre Aufgabe einer weit-

blickenden Gesetzgeberin und legte ihrer Stadt mit der »Carta de Logu« ein so fortschrittliches Gesetzbuch vor, daß es bis zur Einigung Italiens in Kraft blieb.

Um diese dürren historischen Fakten rankte sich dann der Mythos von einer Prinzessin, die ihr Volk hoch zu Roß sitzend anführt und die über das Meer gekommene Eindringlinge in die Flucht schlägt. Ein solcher Mythos war offensichtlich geeignet, die Phantasie jener Geister der Renaissance zu entzünden, die stets auf der Suche nach heroischen Gestalten waren. Es war natürlich kein Zufall, daß Eleonora ausgerechnet im Verlauf des Risorgimento in den Brennpunkt einer der bedeutendsten Geschichtsfälschungen jener Zeit geriet – die der »Carte di Arborea«, die so genannt wurden, weil sie angeblich aus den Archiven des Judikats stammten. Es handelte sich um acht Pergament- und fünfzehn Papierhandschriften sowie um zwölf lose Blätter, die unter anderem Biographien, Chroniken, Episteln, Gedichte und Epen enthielten – das Werk nicht identifizierbarer sardischer Schriftsteller. Dank dieser Dokumente wurde eine fast unbekannte Epoche der sardischen Geschichte mit Leben erfüllt, und das Bild, das man aus ihnen gewann, war das einer für jene Zeit ungewöhnlich gut entwickelten Region. Bald entbrannte ein Streit zwischen jenen, die die Carte für Fälschungen hielten, und denen, die von ihrer Echtheit felsenfest überzeugt waren. Der Streit zog sich so lange hin, bis die Paläographen der Akademie der Wissenschaften in Berlin sie eindeutig für eine Fälschung erklärten. Auf jeden Fall zeigt die Geschichte der Carte, in welchem von glühender, überspannter Heimatliebe geprägten Klima die Legende der Eleonora d'Arborea gedeihen konnte.

»Nikodemus«-Kreuz, ein Meisterwerk der katalanischen Schule aus dem ausgehenden 15. Jahrhundert, aufbewahrt wird. An dem neben der Kirche stehenden Gebäude des Wehrbezirks kann man von der Straße aus interessante gotische Überreste der mittelalterlichen Franziskus-Kirche erkennen, die zuvor an dieser Stelle gestanden hat.

Gegenüber von San Francesco beginnt die Via De Castro, in der man bei der ersten Kreuzung links auf den aus dem 16. Jahrhundert stammenden Palazzo De Castro stößt. Auch wenn dieser Palast durch einen schweren Putz verunstaltet wurde, kann man doch noch deutlich die breiten Renaissancefenster mit den reliefverzierten Tuffsteinelementen erkennen. Hier befindet sich auch das Ristorante Craf, eines der angenehmsten Lokale in Oristano.

Das einzige authentische Porträt der Königin Eleonora d'Arborea ist vor kurzem in einer der vier aus Tuffstein gehauenen Figuren erkannt worden, die das Apsisgewölbe einer kleinen Dorfkirche in San Gavino Monreale tragen.

Die Via De Castro führt dann auf die Piazza Roma, an der der robuste Bau der Torre di Mariano II. emporragt. Es handelt sich um einen der wenigen erhaltenen Überreste der Stadtmauer, die der Richter Mariano II. 1291 errichten ließ. Dieser Turm ist Wahrzeichen der Stadt und gehört zugleich zu den belebtesten Treffpunkten im städtischen Leben. Einige Bars haben ihre Tische im Freien aufgestellt, und am Abend versammeln sich hier

Das Wappen der Giudici d'Arborea auf der Fassade des Tridentinischen Seminars.

viele Oristaner, um, dem alten Brauch der Passillada entsprechend, erst auf der nahen Via Dritta zu flanieren und dann in einem der an der Piazza Roma gelegenen Lokale einen Aperitif zu nehmen oder einen Eisbecher zu genießen. Die sogenannte Via Dritta (»Gerade Straße«), die eigentlich Corso Umberto heißt, ist, wenn man zum Turm schaut, die erste Straße rechts. Hier laden die Schaufenster vieler eleganter Geschäfte, insbe-

Die Torre di Mariano II.
Dieses Wahrzeichen der Stadt
gehört zu den wenigen Über-
resten der Stadtmauer, die der
gleichnamige Richter 1291
errichten ließ.

sondere von Juwelierläden, zu einem Bummel ein. Etwa in der Mitte der Straße kann man an den charakteristischen halbrunden Balkönchen mit ihrem schmiedeeisernen Gitter und an den imposanten Dimensionen der Fassade unschwer den Palazzo Arcais erkennen, der sich heute im Besitz der Provinzverwaltung befindet und gerade restauriert wird.

Auf der länglichen, unregelmäßig geformten und vor kurzem neu gepflasterten Piazza Eleonora, auf die die Via Dritta einmündet, erhebt sich der Palazzo Mameli und ihm gegenüber der Palazzo Carta, der dieselben dekorativen Motive aufweist wie der Palazzo Arcais. Dieser im 17. Jahrhundert als Piaristenkloster erbaute und zu Beginn des 19. Jahrhunderts in der heutigen klassizistischen Gestalt neu errichtete Palast ist das beeindruckendste Gebäude dieses Platzes. Ebenfalls aus dem 19. Jahrhundert stammt das der Richterin Eleonora gewidmete Denkmal. Dieses Werk des Bildhauers Ulisse Cambi zeigt, wie Eleonora von Arborea, von der die Geschichte uns bis auf die berühmte »Carta de Logu« nur wenige Zeugnisse hinterlassen hat, romantisch überhöht und in eine Heldin verwandelt wurde.

Von der Piazza Eleonora gehen wir über die Piazza Martini durch die Via Lamarmora bis zur Einmündung in die Via Parpaglia. Hier können wir links einbiegen und befinden uns schon bald vor dem Antiquarium, dem Museum des Oristanese, das erst im Juni 1993 eröffnet wurde und folglich ganz modern ausgestattet ist. (Es verfügt unter anderem über eine Cafeteria, einen Fahrstuhl und einen Saal mit audiovisuellen Vorrichtungen.) Bei einem Besuch des Museums können Sie eine ganze Menge über die Geschichte von Oristano erfahren und sich vor allem auf Ihren Besuch in Tharros vorbereiten. Im Erdgeschoß können Sie die Sammlung des Efisio Pischedda bewundern, eines Anwalts aus Oristano, der zu Beginn unseres Jahrhunderts gelebt hat. Er hatte das leidenschaftliche Interesse für das Altertum geerbt, von dem sich seit 1800 viele prominente Bürger Oristanos und auch einige Ausländer anstecken ließen. In Glaskästen sind Objekte aus unterschiedlichen Epochen ausgestellt und mit guten, infor-

Sardinierinnen auf dem Weg in die Selbständigkeit

Von den sozioökonomischen Initiativen, die in den letzten Jahrzehnten im Oristanese ins Leben gerufen wurden, ist die Cooperativa Allevatrici Sarde (»Genossenschaft sardischer Züchterinnen«) wegen der Originalität ihres Ansatzes und wegen ihrer bisherigen Leistungen eine der interessantesten. Sie entstand 1962, nach einer intensiven Sensibilisierungskampagne, die im Rahmen des Sardinien-Projektes des Europäischen Wirtschaftsrats durchgeführt wurde: Die 516 Frauen aus 16 Gemeinden des Oristanese, die sich in dieser Genossenschaft zusammengeschlossen hatten, beabsichtigten, das Budget ihrer Familien durch Geflügelzucht aufzustocken. Die Kooperative organisierte die Anschaffung einer gemeinsamen Brutanlage und ermöglichte die Kontrolle und Verbesserung der Qualität der Tiere. Ende der 60er Jahre sorgte eine Änderung der Satzung auch für eine Verlagerung der Aktivitäten. Die Kooperative verwandelte sich in eine Genossenschaft, deren Mitglieder 19 exklusive Lebensmittel-Verkaufsstellen zugewiesen bekamen.

1977 lancierten die Frauen der Cooperativa Allevatrici Sarde, die stets auf der Suche nach neuen, die Selbständigkeit der Sardinierinnen fördernde Aktivitäten sind, eine neue Initiative unter dem Schlagwort *agriturismo* oder »Ferien auf dem Bauernhof«. Da die sardischen Bauern nicht auf dem flachen Land, sondern in Dörfern leben, wird den Touristen Unterkunft in Dorfhäusern (*biddas*) angeboten. Gegenwärtig vermieten nicht weniger als 83 Mitglieder aus 15 Dörfern der Provinz Oristano Gästezimmer an Touristen und ermöglichen ihnen – zu vernünftigen Preisen – ganz im Sinne ihres ersten Werbeslogans »einen anderen Sardinien-Urlaub«. Die Hauptgeschäftsstelle der Genossenschaft, die sich in Oristano gegenüber vom Dom befindet, nimmt Vorbestellungen entgegen; dieses Büro sucht dann die den Wünschen des Touristen am meisten entsprechende Unterkunft aus. Hier kann man sich aber auch allgemein über das Leben in der Provinz und über die von der Genossenschaft angebotenen Dienste informieren.

Wer sich für einen Aufenthalt auf dem Bauernhof entscheidet, kann mit der Unterstützung eines Mitglieds der Kooperative rechnen, das in demselben Dorf wohnt, in dem der Fremde seine Ferien verbringt. Der Aufenthalt bei einer Familie von Genossenschaftsmitgliedern erlaubt dem Besucher ein Leben in authentischer Umgebung, in engem Kontakt mit Kunst und Natur, aber auch mit Sitten und Gebräuchen, die zu den interessantesten in ganz Italien gehören. Nach den alten, traditionellen Vorstellungen von Gastfreundschaft verbringen die Gäste einen Teil ihrer freien Zeit mit ihren Gastgebern und nehmen auch die Mahlzeiten im Kreise der Bauernfamilie ein.

Die jüngste Initiative der Cooperativa Allevatrici Sarde hatte die Gründung des Consorzio Agrituristico di Sardegna zum Ziel. Seither können auch Aufenthalte in verschiedenen Gegenden der Insel miteinander kombiniert werden.

Cooperativa Allevatrici Sarde
Piazza Duomo 17
Oristano
Tel. 739 54

ESSEN

Craf ★
Via De Castro, 34
Tel. 7 06 69
Sonntags geschlossen

Da Renzo ★
Ortsteil Siamaggiore
Strada Statale 131
Tel. 3 36 58
Sonntagabend und montags
geschlossen

Il Faro ★★
Via Bellini, 25
Tel. 7 00 02
Sonntagabend und montags
geschlossen

La Forchetta d'oro
Via Giovanni XXIII, 2
Tel. 30 27 31
Sonntags geschlossen

*Eines der kostbarsten Stücke des
Antiquariums: eine phönizische
Maske von verwirrender
Schönheit.*

mativen Kommentaren versehen. Die Museumsstücke stammen aus pränuraghischer Zeit (insbesondere Obsidian-Fragmente vom Monte Arci), aus der Nuraghenzeit (zum Beispiel eine hervorragend erhaltene Hacke), aus der Zeit der Phönizier (vor allem eine gut erhaltene, wirklich unheimliche, aber zugleich auch faszinierende apotropäische Maske sowie eine große Anzahl zum Teil seltsam geformter Keramiken). Dann folgen Einrichtungsgegenstände aus punischer Zeit und eine umfangreiche Dokumentation importierter Funde aus etruskischer (wie die typischen Bucchero-Vasen) sowie aus griechischer Zeit, unter denen besonders eine Heraklesbüste zu erwähnen ist. Im oberen Stockwerk können wir im großen römischen Saal unter anderem eine prächtige Glassammlung bewundern. Von diesen Gegenständen geht ein großer Zauber aus: Die vielfache Brechung des Lichts scheint auf geradezu magische Weise den Geist der Antike heraufzubeschwören. Es wird erzählt, daß es dem Philosophen Mantegazza während seines Besuchs bei Kardinal Spano, einem großen Glasliebhaber und früheren Besitzer dieser Sammlung, buchstäblich die Sprache verschlug, als dieser inmitten seiner Gläser eine Kerze anzünden ließ und die Lichtreflexe zu tanzen begannen. Von der Sammlung des Kardinals sind leider nicht viele Stücke erhalten geblieben, aber auch diese wenigen lohnen schon einen Besuch des Museums.

Ein anderer Saal ist der Malerei gewidmet (von beträchtlicher Qualität ist der katalanische spätgotische Flügelaltar mit der Madonna del Latte und Szenen aus dem Leben des heiligen Martin). In einem weiteren Raum sind einige Zeugnisse aus der Zeit der Richter und ein paar historische Fotografien der alten Stadtmauern ausgestellt. Im Saal mit den audiovisuellen Vorrichtungen kann man einen Film sehen, der die aufregende Geschichte der Goldfunde von Tharros erzählt (Seite 38).

Wenn man durch die Via Parpaglia in Richtung Piazza Roma geht, sieht man zuerst die Vorderfront des vor kurzem restaurierten Stadttheaters und dann, bei den Nummern 8 bis 12, die sogenannte Casa di Eleonora, einen interessanten Renaissancebau. Von der Piazza kann man, wenn man über die Via Garibaldi noch einmal in die Altstadt zurückgeht, zur Kirche Santa Chiara gelangen, einem Sandsteingebäude aus dem 14. Jahrhundert, dessen schlichte Fassade nur mit einer Rosette und zwei Einzelbogenfenstern verziert ist. Sehr streng wirkt der aus derselben Zeit stammende Bau des angrenzenden Klosters. Wenn man auf der Seite der Kirche entlanggeht, kann man ihre schmucklose Apsis betrachten. Ab hier taucht man in ein Gewirr kleiner stiller Gäßchen ein, wo an den Gebäuden oft unter dem neuen Verputz die alten Steine zum Vorschein kommen: Wir befinden uns in der Nähe eines weiteren Überrestes des alten Mauerrings, der Torre di Portixeddas, eines zylindrischen Baus, der einst den östlichen Zugang zur Stadt bewachte.

Wenn wir dann durch die Via Angioi und die Via Azuni zur Piazza Mannu zurückkehren, kommen wir durch einen Teil der Stadt, der uns wohl am besten einen Eindruck von der historischen Altstadt vermitteln kann. Das gilt insbesondere für die Via Azuni, das Herz des jüdischen Gettos. Von der Via Azuni können wir noch einen Abstecher zu der im 18. Jahrhundert erbauten Chiesa del Carmine an der gleichnamigen Straße unternehmen. An dieser 1785 fertiggestellten Kirche ist der Einfluß der piemontesischen Architektur klar erkennbar. Über dem Portal sehen wir das Wappen der Marchesi d'Arcais, die den Bau finanzierten. Daneben das unlängst renovierte Karmeliterkloster, das auf eine neue, angemessene Nutzung zu warten scheint.

Von der Via del Carmine biegen wir in die Via Crispi ein, die uns wieder zu unserem Ausgangspunkt, der Piazza Mannu, zurückführt.

EINKAUFEN

Fleisch
Macelleria Giovanni Piras
Via Mazzini

Süßigkeiten
Pasticceria Crem Rose
Via Cagliari, 422

Alberto Mele
Via Canepa
Palazzo Cier

Sorelle Tola
Via Veneto, 136

Wurstwaren
Salumeria
Sebastiano Urracci
Via Figoli, 39/41

HANDWERK

Töpferei
Cooperativa Artigiana
Ceramisti
Via Olbia, 48
Tel. 35 81 03

Steinsarkophag aus dem 14. Jahrhundert im Garten des Bischöflichen Palais.

Sa Sartiglia: mittelalterliches Ritterspiel

Sa Sartiglia gelingt es alljährlich einmal, das Städtchen Oristano aus dem Schlaf zu rütteln. Am Faschingssonntag und am Faschingsdienstag künden Fanfaren ihren Beginn an, und von diesem Augenblick an geben bei dem berühmtesten Reiterspiel der Insel Trompetenstöße den Takt an.

Das Fest hat sich mit der Geschichte der Stadt weiterentwickelt: Die erste Sartiglia fand Mitte des 13. Jahrhunderts statt, die später vorherrschende aragonesische Kultur hat dann das Fest um einige Varianten bereichert.

Bei der Sartiglia handelt es sich um ein Wettrennen maskierter, mittelalterlich kostümierter Reiter, die ihre Geschicklichkeit dadurch unter Beweis stellen müssen, daß sie im vollen Galopp einen über der Straße aufgehängten Stern mit einem Stoßdegen durchbohren. Einige Züge des Rituals erinnern an das Turnier der Sarazenen, das wahrscheinlich von den Teilnehmern des Zweiten Kreuzzugs in Europa eingeführt wurde; andererseits spiegeln sich darin auch Motive, die auf die alten agrarischen Fruchtbarkeitsriten zurückzuführen sind.

Die Sartiglia, die regelmäßig große Menschenmengen anlockt, wird auf der zentral gelegenen Piazza Duomo *(sa pratza e' sa santa sea),* vor der Kathedrale Santa Maria Assunta, abgehalten. Früher durften nur Angehörige der vornehmen Familien am Turnier teilnehmen, während das einfache Volk seine Revanche nehmen konnte, indem es die Aristokraten zur *Corsa alle pariglie* herausforderte. Das sind regelrechte Akrobatenkunststückchen zu Pferde, die auch jetzt noch – unmittelbar nach dem Wettritt mit den Sternen – in der heutigen Via Mazzini, vor den alten Stadtmauern, zu bewundern sind.

Es sind die »Gremien« der Bauern und der Tischler (alte Handwerkergilden und Zünfte), die die Tradition und folglich auch die Regeln des Festes bewahren und fortführen und die in bezug auf *su connuttu* (den ungeschriebenen Kodex der Regeln, Sitten und Gebräuche Sardiniens) stets untereinander wetteifern. In allen Phasen des Turniers und seiner Organisation kommt also den Gremien die entscheidende Rolle zu: Bei der Ernennung von *su Componidori,* dem Herrn und unumschränkten Spielführer, von dessen Gewandtheit und Instinkt Wohl und Wehe der Reiter abhängen wird, und bei der Ausstattung mit Kleidern, von denen ein Zauber ausgeht, der den sakralen Charakter dieses alten Rituals unterstreicht. *Su Componidori* darf, sobald er auf einen Tisch gestiegen ist, um in die einzigartigen, nur ihm gebührenden Gewänder zu schlüpfen, unter gar keinen Umständen mehr den Boden mit den Füßen berühren, sonst würde die für den Wettkampf und den Sieg notwendige Reinheit des Geländes verletzt.

Die lange Zeremonie der Einkleidung von *su Componidori* ist Sache von *sa massaia manna,* die die jüngeren *massaieddas* im Hinblick auf die vorweg festgelegten Phasen der Vorbereitung anleitet. Ergebnis der Verkleidung ist eine anachronistische, in mancher Hinsicht groteske Gestalt: Mit einem merkwürdigen Zylinder auf dem Kopf, einer zweideutigen weiblichen Maske vor dem Gesicht, mit einer Mantille und einem puffärmeligen und spitzenbesetzten Hemd hat *su Componidori* sich im Handumdrehen in ein androgynes Wesen verwandelt.

Für die angereisten Zuschauer ein offenkundig karnevaleskes Spiel, für das Leben der Gemeinschaft aber, die auch in der Vergangenheit Zeichen sucht, um die Gegenwart zu verstehen, ein sehr bedeutsamer Augenblick. Das Bild des Spielführers, der mit ausgestrecktem Arm, den Stoßdegen in der Hand, vorwärtsgaloppiert, um den Stern zu durchbohren, fasziniert die Anwesenden, die mit ihm zittern. Sie sind ebenso bereit, ihm ihre Begeisterung und Bewunderung kundzutun, wie, gegebenenfalls ihre Empörung und ihren Spott zum Ausdruck zu bringen. Je mehr Sterne am Ende von *su Componidori* und seinen Mannen durchbohrt wurden, um so günstiger die Vorzeichen für das Jahr.

Das Turnier endet mit dem Segen, den *su Componidori* mit seiner pippìa de maìu der Menge erteilt. Das ist ein Büschel Immergrün, an dessen oberes Ende ein doppelter Veilchenstrauß gebunden ist. Ein ganz besonderer Segen, den der Spielführer *a farrancas in susu,* mit rückwärts gebogenem Rücken, ausführt, während das Pferd mit großer Geschwindigkeit weitergaloppiert, nur von seinem Instinkt, vom Glück und von den Anfeuerungsrufen der Zuschauer gelenkt.

Erst am späten Nachmittag, wenn auch die *Corsa alle pariglie* beendet ist, wird *su Componidori,* immer noch in Begleitung seiner treuen Ritter, die Maske vom Gesicht nehmen, die ihn für einen denkwürdigen Tag in die Rolle eines großen Feldherrn und eines Fruchtbarkeitssymbol schlüpfen ließ.

Torre
Su Puttu

Torre
Scala Sali

Is
Arenas

Cala
Su Pallosu

Capu
Mannu

Stagno di
Is Benas

Putzu
Idu

Stagno di
Sa 'e Proccus

San Vero
Milis

Riola
Sardo

Isola di
Maldiventre

Mari
Ermi

Nurachi

Is Arutas

Stagno
di
Cabras

Cabras

Funtana
Meiga

San
Salvatore

Oasi di Capo Seu

Stagno
di Mistras

Peschiera
Pontis

Marina
di Torre Grande

Oristano

Santa
Giusta

San Giovanni
di Sinis

Tharros

Capo
San Marco

Stagno
di
S. Giusta

Ausgangs- und Zielort:
ORISTANO

Länge:
65 KM

Auf der Sinis-Halbinsel

Von Oristano über Marina di Torre Grande, San
Giovanni di Sinis, Capo Seu, Is Arutas, Putzu Idu,
Mandriola und Cabras zurück nach Oristano

*Voraussichtliche
Dauer des Ausflugs:*

Wanderungen und Fahrradtour:

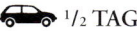 ¹/₂ TAG

 1 TAG

 PUTZU IDU
UND
SA' 'E PROCCUS

Auf der Sinis-Halbinsel
Vögel und Ruinen

Wir verlassen Oristano in Richtung Norden und fahren durch die Via Cagliari, bis sie in die Statale 292 übergeht. Wir folgen den Schildern nach Tharros, Cuglieri und Nurachi. Nach der Brücke über den Tirso biegen wir nach Westen ab und lassen uns von den Schildern »Spiagge« und »Tharros« leiten. Die Abzweigung befindet sich ganz in der Nähe der Kirche der Madonna del Rimedio, deren Kuppel und hoher Campanile schon von weitem zu sehen sind.

Wenige Meter vor dieser Kirche können wir übrigens ein typisches Beispiel der lokalen Architektur bewundern – das monumentale Eingangsportal eines Landgutes. Dieses besonders prächtige Tor wurde um 1780 von einheimischen Handwerkern im piemontesischen Rokokostil ausgeführt. Auf ähnliche Portale stößt man in der Umgebung von Cabras öfter.

Die Straße führt weiter nach **Marina di Torre Grande** mit seinem langen Strand, der von einem majestätischen spanischen Turm aus dem 16. Jahrhundert am Dorfeingang überragt wird: Ringsum ist eine moderne Kleinstadt mit dem nichtssagenden Gesicht eines typischen Badeortes entstanden. Allerdings ist die breite Strandpromenade sehr großzügig angelegt und lädt zu einem Bummel ein.

Die Peschiera Pontis erlaubt einen besonders schönen Blick über den Stagno di Cabras. Die Peschiera war Schauplatz einer langen wechselvollen Geschichte und vieler sozialer Kämpfe.

Von Marina di Torre Grande fahren wir weiter zur Abzweigung nach Cabras, die man rechts liegen läßt, und weiter nach Westen, nach Tharros und Is Arutas. Bald nach der Gabelung führt die Straße am Ufer des großen Stagno di Cabras entlang, dem größten der vier Seen der Sinis-Halbinsel. Diese Küstenseen, Überreste eines mio-

TIPS & INFOS

*Ausführliche Informationen
finden Sie auf Seite 130*

**MARINA DI
TORRE GRANDE**

8 Kilometer von Oristano
Einwohner: 379
Höhe: 3 m ü. d. M.
Postleitzahl: 09072
Vorwahl: 0783

Informationen

Municipio
Via Sant'Antonio
Tel. 7 44 30

ÜBERNACHTEN

Del sole
Via Duca degli Abruzzi
Tel. 2 20 00
Fax 2 22 17

ESSEN

Da Giovanni ★
Via Colombo 8
Tel. 2 20 51
Montags geschlossen

zänischen Meeres, haben sich in ausgedehnten Niederungen gebildet. Von den *Stagna pisculentissima* hat schon im 3. Jahrhundert n. Chr. Calus Iulius Solinus in seiner *Collectanea rerum memorabilium* berichtet. Der Fischreichtum dieser küstennahen Seen ist auch der Grund dafür, daß die Sinis-Halbinsel bereits in frühen Zeiten relativ dicht besiedelt war (hier wurden die Ruinen von mehr als hundert Nuraghen gefunden).
Fischfang muß hier von alters her betrieben worden sein. Daß die Spanier in der Nähe bestimmter Fangzonen, sogenannter Peschiere, und an den wichtigsten Kanälen Küstentürme erbauten, beweist, daß diese Binnengewässer auch damals ständig kontrolliert werden mußten. In den 70er Jahren kamen während des Baus des Abflußkanals des Stagno di Cabras, unweit vom spanischen Turm von Su Pottu, am Südufer des Sees, die Überreste eines pränuraghischen Dorfes, Cuccuru 'e is Arrius, zutage. Die dort gefundenen Materialien und Mauerreste bezeugen, daß diese Seen von jeher und zu allen Zeiten wirtschaftlich genutzt wurden.
Ein Teil des 20 Quadratkilometer großen Stagno di Cabras ist durch den Kanal Sa Madrini mit dem Meer verbunden. Hinter diesem Kanal sollte man in Richtung der Peschiera Pontis abbiegen, weil man sich dort einen guten Gesamteindruck von diesen Binnengewässern verschaffen kann. Der schönste und umfassendste Ausblick bietet sich von der Terrasse der Casa padronale della peschiera. Heute, da die Peschiera, das Zentrum einer langen Tradition und bis heute nicht gelöster sozialer Spannungen, von den Fischern selbst in Besitz ge-

*Um die fischreichen Gewässer
der Sinis-Halbinsel siedelten
sich schon früh Menschen an.
An ihren Ufern kann man
noch heute die alten Fischerhütten sehen.*

nommen wurde, können wir einen von ihnen bitten, uns die besonderen Methoden zu erklären, die in der Vergangenheit angewandt wurden, um diese bedeutende wirtschaftliche Ressource auf rationelle und schonende Weise zu nutzen. Von diesem Ort geht der Zauber einer jahrhundertealten Tätigkeit aus – einer Arbeit, die in Sardinien eine Gesellschaftsschicht hervorgebracht hat, welche zwar seltsamerweise wenig in Erscheinung tritt, aber ihre eigenen Gesetze, ganz genau definierte soziale Schichtungen und hierarchische Beziehungen kennt. Die kleine Kirche aus Rohziegeln am Eingang des Komplexes hebt die Bedeutung dieses Ortes hervor. Sie ist das Ziel eines religiösen Festes, in dessen Verlauf früher auch den Frauen erlaubt war, das Areal der Peschiera zu betreten (s. Seite 44).

Wir kehren auf die Hauptstraße zurück und fahren weiter in Richtung Tharros, bald schon an der großen Lagune von Mistras entlang: Hier kann man nicht selten einen Autofahrer sehen, der sein Fahrzeug auf einer der Ausweichstellen am Ufer abgestellt hat und mit einem Fernrohr die zahlreichen hier lebenden Vögel beobachtet. Der andere große natürliche Reichtum der Seen besteht nämlich aus ihren Vögeln: Hier, auf ihrer Flugstrecke zwischen der Camargue und Afrika, legen auch *sa genti arrubia* eine Pause ein, die »roten Leute«, wie die Sarden die rosa Flamingos nennen (s. Seite 48). Ferner sind hier Graureiher, Seidenreiher, das äußerst seltene Purpurhuhn und viele andere Vögel anzutreffen. Dann geht es weiter in Richtung Tharros und San Gio-

Die Seen der Sinis-Halbinsel haben eine uralte Fischerei-tradition. Das bezeugen die Siedlungen und Zwistigkeiten, die schon auf die Zeit der Phönizier zurückgehen.

Von Fischern und Baronen

Besitz und Nutzung des Stagno di Cabras, auch Mar' 'e Pontis genannt, waren von jeher problematisch. Der See galt als persönliches Eigentum der spanischen Krone und diente als Pfand für ein Darlehen, das Philipp IV. 1652 bei dem Genueser Bankier Vivaldi aufgenommen hatte. Da das Darlehen niemals zurückgezahlt wurde – weder von den spanischen Herrschern noch von den ihnen nachfolgenden Österreichern und Piemontesen –, verkauften Vivaldis Erben den Stagno di Mar' 'e Pontis und die anderen Seen des Oristanese 1853 für 1 025 000 Lire an den Cavalier Salvatore Carta aus Oristano.

Die neuen »Barone«, die wahrscheinlich schon vorher Pächter des Sees gewesen waren und daher die von der Raubfischerei verursachten Probleme kannten, schufen eine perfekte Organisation, die auf einer strikt pyramidal aufgebauten Gesellschaft beruhte. So sicherten sie sich für mehr als ein Jahrhundert die üppigen Einnahmen aus der Nutzung des Sees. Aber die sehr unterschiedliche Rechtsstellung der Fischer rief nicht wenige Neidgefühle hervor: Die privilegierten Fischer, allgemein *pesargius* und *zaraccus* genannt, waren mit Unterhalt und Nutzung der Peschiere (durch Zäune aus Schilfrohr abgegrenzte Fischfangzonen) betraut. In ihren Diensten standen *sciaigotteris, poiggeris, paramittaius* (Fischer mit *su fassonis,* dem typischen Boot aus Riedgrasheu). Die Herren

(don) entschieden über die Schonzeiten, die Art der verwendeten Netze und Boote, über deren Besatzung und die Anzahl der Fischer. Unmittelbare Vorgesetzte der abhängigen Fischer waren die *pesargius,* regelrechte Betriebsleiter, die sich ihre Kompetenz im Laufe einer langen Tätigkeit vor Ort erworben hatten.

Dieses festgefügte System geriet erst in den fünfziger Jahren ins Wanken, als die Raubfischerei überhandnahm und ein Gesetz erlassen wurde, das die exklusiven Fischfangrechte in den Binnengewässern abschaffte. In der Folge konnte man die Zunahme von Aktionen beobachten, die das feudale System abschaffen und die Nutzung des Sees und der Peschiere für die Allgemeinheit garantieren wollten. In den fünfziger und sechziger Jahren sorgte eine Reihe von schweren Zwischenfällen dafür, daß sich der Veränderungsprozeß beschleunigte. Tatsächlich aber war man noch ziemlich weit von einer tatsächlich neuen Bewußtseinsbildung entfernt, was weiter nicht verwundert, denn die Menschen hatten im Laufe der Jahrhunderte ihr unselbständiges, untertäniges Verhalten verinnerlicht. Die Ermordung eines vereidigten Wächters durch Raubfischer, die Tatsache, daß sich die Fischer, die vom Fischfang im See ausgeschlossen waren, die Beute aneigneten, die Reaktion der Ordnungskräfte, die die Ufer des besetzten Sees schützten, handgreifliche Auseinandersetzungen zwischen »freien« Fischern und solchen, die im Dienst ihrer Herren standen, sowie die Gerichtsverfahren, die ein paar hundert Fischer ins Gefängnis brachten – all dies führte dazu, daß die unhaltbar gewordene Situation sehr schnell ein Ende fand. Die nunmehr unkontrollierbare Raubfischerei und die sinkenden Einnahmen veranlaßten die »Barone«, den Stagno di Cabras 1982 für drei Milliarden Lire an die Region Sardinien abzustoßen.

In den letzten zehn Jahren hatte die Region große Probleme mit der Situation, die sich infolge der ständigen Spannungen zwischen den Fischern ergeben hatte, denn in der Zwischenzeit hatte nach zwanzig Jahren der Anarchie und Uneinigkeit der Niedergang der natürlichen und menschlichen Ressourcen ein beunruhigendes Ausmaß erreicht. Heute sieht es so aus, als hätten die Fischerei-Genossenschaften, die sich im Lauf der Jahre gebildet und lange gegenseitig bekämpft hatten, endlich einen Modus vivendi gefunden, zumal sie nach Gründung eines Konsortiums beschlossen, die Rohrgeflechte der Peschiera Pontis wiederherzustellen, um den Fischfang wieder auf systematische und rationelle Weise betreiben zu können.

vanni di Sinis. Bei der Gabelung von San Salvatore fahren wir nach Süden. Hinter dieser Abzweigung führt die Straße an den Ruinen einer großen Nuraghe namens Angioni Corruda vorbei. Auf dem Weg nach **Tharros** kommen wir dann durch das Dorf San Giovanni di Sinis, von wo die asphaltierte Straße bis zur Halbinsel von Capo San Marco weiterführt. Wir aber parken unser Auto auf einem freien Platz oberhalb eines breiten Strandes, der im Sommer ziemlich überlaufen ist. Von dort geht es zu Fuß weiter, immer noch in Richtung Süden. Wir kommen schon bald zu den Absperrungen des Ausgrabungsgeländes und gehen weiter bis zu dem Holzhäuschen, das den Eingang markiert.

Wir blicken uns ein wenig um, um uns auf den über dreitausend Jahre alten Ort einzustimmen. Vor uns das langgestreckte Vorgebirge von Capo San Marco, das durch eine Landzunge mit dem Hügel verbunden ist, auf dessen Gipfel ein spanischer Turm emporragt. Wir befinden uns jetzt auf dem Osthang dieses Hügels. Weit unter uns dehnt sich die Fläche der Ausgrabungen aus, die auf den ersten Blick ziemlich unübersichtlich erscheinen. Der erste Eindruck ist aber im Zusammenhang mit dem natürlichen Schauspiel, das sich uns bietet, überaus reiz-

Das Vorgebirge von Capo San Marco, das von einem spanischen Turm beherrscht wird; zu seinen Füßen liegen die Ruinen von Tharros.

voll: Wenn, wie üblich, der Mistral weht, haben wir gerade das gekräuselte Meer zu unserer Rechten verlassen und jetzt vor uns ein Meer, das die Leute hier »tot« nennen, weil es immer absolut still ist; noch weiter rechts liegt die große Lagune von Mistras, links die Halbinsel – dann noch der Turm und zu unseren Füßen die Ruinen … Hier ist wirklich alles, was das Herz begehrt.

Es war auch diese besondere Lage, die die Phönizier hierher lockte, denn sie bevorzugten für ihre Niederlassungen kleine Inseln in Küstennähe, Mündungtrichter von Flüssen oder Lagunen – Orte also, die aufgrund ihrer natürlichen Beschaffenheit gute Ankerplätze boten und leicht zu verteidigen waren. Auf ihrer Suche nach Metallen, die sie vom östlichen Mittelmeer immer wei-

ter nach Westen getrieben hatte, kamen die Phönizier
also hierher und fanden einen sicheren Hafen (von denen es an der Westküste Sardiniens nicht viele gibt).
Weil man hier zwei Nekropolen ausgegraben hat – eine
auf Capo di San Marco, die andere unterhalb des Tur-
mes –, wurde vermutet, daß es ursprünglich nicht eine,
sondern zwei phönizische Siedlungen gegeben habe.
Wie dem auch sei – die Phönizier waren jedenfalls nicht
die ersten Bewohner dieser Gegend. Als sie sich im
8. Jahrhundert v. Chr. hier niederließen, nahmen sie einen Ort in Besitz, an dem es zuvor bereits eine proto-
sardische Siedlung gegeben hatte, wie die Nuraghenreste
auf Capo San Marco bezeugen, sowie ein Dorf, das
unter dem Bau des bedeutendsten phönizischen Heiligtums der Region, dem Tophet, gefunden wurde. Die
Ausgrabungen haben jedoch auch deutlich gemacht,
daß das Nuraghendorf gut vier Jahrhunderte vor der
phönizischen Ansiedlung spontan verlassen worden war.
Die Gründe für die Aufgabe sind uns nicht bekannt. Es
wurden aber keine Spuren einer gewaltsamen Zer-
störung entdeckt. Auf die phönizische Herrschaft folgte
im 6. Jahrhundert, als Tyros infolge des Krieges mit Ba-
bylonien einen Niedergang erlebte, die Herrschaft der
Karthager und ab 238 v. Chr. schließlich die der Römer.
Aus beiden Epochen sind ebenfalls archäologische Überreste entdeckt worden. Was wir über Tharros wissen,
verdanken wir tatsächlich in erster Linie der archäologischen Forschung, denn in den schriftlichen Quellen
wird der Ort immer nur flüchtig erwähnt.
Bevor Sie die Ausgrabungen besichtigen, sollten Sie fol-
gendes wissen: Da die baulichen Reste aufgrund von
Plünderungen im Mittelalter ziemlich gering sind, findet man sich hier als Laie nur schwer zurecht. Man sollte
sich daher von den jungen Mitgliedern der Kooperative
von Cabras führen lassen. Die Führung ist, wie der Zugang zu dem Gelände, gratis. Aber ein Trinkgeld haben
die tüchtigen Ciceroni auf jeden Fall verdient.
Wir gehen also zum Meer hinunter über eine Straße, die
nach einigen Schritten in die größte Verkehrsader der
historischen Stadt, den Cardo maximus, einmündet.
Diese römische Straße wurde über eine alte punische gebaut: An einigen Stellen ist der Unterschied zwischen
den beiden Epochen deutlich sichtbar, denn die römische hat eine dunkle Basaltdecke und überlagert eine ältere Schicht aus viel unregelmäßiger angeordneten
Sandsteinblöcken. Auf dieser unteren Schicht sind Ril-
len, alte Spuren von Wagenrädern, erkennbar, die wir

*Oben: Eine der Öffnungen in
dem zur Verteidigung der Stadt
Tharros erbauten Mauerring.
Unten: Mehrfarbiges Mosaik
aus dem heiligen Bezirk mit
geometrischen Motiven afrika-
nischer Prägung.*

Das Gold von Tharros

Bis zu Beginn des 19. Jahrhunderts war das mythische Tharros fast völlig in Vergessenheit geraten – so, als wäre es für immer unter dem Sand begraben oder im Meer versunken. Erst um 1850 verbreitete sich der Ruhm der karthagischen Gräber von Capo San Marco auf dem europäischen Festland. Während eines einzigen kurzen Frühjahrs wurden dann Hunderte von Grabstätten geplündert mit der Folge, daß viele der kostbaren Objekte in öffentlichen und privaten Sammlungen landeten und so über die ganze Welt verstreut wurden.

Unter denen, die in jener Zeit nach Tharros kamen, befand sich auch ein englischer Aristokrat, Lord Vernon. Nachdem er mühelos eine punische Nekropole ausgemacht hatte, führte er dort mit einer Gruppe von Arbeitern, die er im nahen Cabras angeworben hatte, Grabungen durch. So kam eine Vielzahl von Gräbern und hervorragend erhaltenen Beigaben (Goldmünzen, wunderschöne Keramiken, Skarabäen, Glasgefäße, Statuetten und Amulette) unter den zornigen Blicken der lokalen Bevölkerung zutage, die sich eines Schatzes beraubt fühlte, den sie, nicht ganz zu Unrecht, für ihr Eigentum hielt.

Daraufhin setzte eine fieberhafte Jagd nach dem Gold und den anderen Kostbarkeiten von Tharros ein: Eine regelrechte Horde von Bauern, Fischern und allen möglichen armen Teufeln ergoß sich über die Hügel von Tharros und rückte ihnen wahllos mit Hacken und Schaufeln zu Leibe. So wurde ein Schatz von unglaublichem Wert weitgehend zerstört und dank der Unwissenheit der Grabenden, die den Ausländern für bescheidene Preise Schmuck, Keramiken, Ketten, Skarabäen und was sonst noch gefunden wurde verkauften, in alle Winde verstreut. Bestenfalls landeten die allerschönsten Fundstücke in einigen Museen (wo sie noch heute aufbewahrt werden), zum Beispiel in London, Paris, Stockholm, Turin, Cagliari und Oristano sowie in verschiedenen Privatsammlungen.

Dies ist die Version, die allgemein verbreitet wurde und an die alle über ein Jahrhundert lang glaubten. Neuere Nachforschungen aber haben ergeben, daß Gaetano Cara, der damalige Direktor des Museums von Cagliari und Oberintendant der Altertümer, die Goldgegenstände von Tharros, die sich heute im Britischen Museum befinden, persönlich an die Engländer verkaufte. In Caras Privatarchiv wurde nämlich eine doppelte Liste mit den Fundgegenständen gefunden – eine offizielle, für den Staat bestimmte und eine offiziöse, persönliche, mit einem Verzeichnis der verkauften Objekte. Wir müssen also Lord Vernon Abbitte dafür leisten, daß er so lange Zeit für einen raffgierigen Dieb gehalten wurde, der aus dem fernen England gekommen war, um sich die kostbaren Schätze anzueignen, die heute im Britischen Museum als Zeugnisse der Glanzzeit der alten phönizisch-punischen Kolonie von Tharros gezeigt werden.

Gottheit aus Tharros, im Nationalmuseum von Cagliari.

auf der römischen Straße nicht finden – ein Beweis dafür, daß diese Verkehrsader in der Römerzeit, als sie sich zum kommerziellen Zentrum der Stadt entwickelt hatte, eine reine Fußgängerzone war. Römisch ist auch die große Kloake in der Mitte der Straße, in der die Abwässer der an der Straße gelegenen Häuser gesammelt wurden, während die punische Stadt nur über bescheidene kleine Abwasserkanäle verfügt hatte.

Auffallend sind die Zugänge zu den Häusern mit ihren Stufen aus hartem Basalt, während die Gebäude selbst aus dem weicheren Sandstein gebaut waren. Diese Bauten haben wohl Werkstätten, Wirtshäuser und Läden aller Art beherbergt. Auf dem ersten kleinen Platz kann man die Ruinen eines eindrucksvollen römischen Gebäudes aus der Kaiserzeit, des *castellum aquae,* also des städtischen Wasserreservoirs, bewundern sowie, weiter nördlich, die Zisterne. Das Wasser wurde damals durch ein Tor des Aquädukts in die Stadt geleitet, das später zusammenbrach und auf den Strand stürzte, wo heute noch die Überreste des entsprechenden Bogens der Wasserleitung zu sehen sind. Hinter dem Platz geht es

Auf dem Gipfel des Hügels Murru Mannu wurde 1973 eine ausgedehnte Nuraghenanlage entdeckt, die die Phönizier besetzt hatten, um dort ihr Tophet anzulegen.

noch weiter auf der Hauptstraße, die zum Meer hinunterführt. Wir sehen die Reste eines Wohnviertels, bestehend aus kleinen Häusern mit davor angelegtem Hof, auf den zwei oder drei Zimmer führen. Es sind Bauten phönizisch-punischen Ursprungs, die in der nachfolgenden Zeit mehrfach umgebaut und überbaut wurden. Gemeinsames Merkmal dieser Häuser ist die tiefe Zisterne im Hof; da bei einigen Löcher in den Wänden sichtbar sind, nimmt man an, daß sie über ein zweites Stockwerk verfügten; oben war vielleicht nur ein einfacher Verschlag, den man über eine Sprossenleiter erreichen konnte.

Wenn wir weiter bergab gehen, gelangen wir zu einem größeren Platz in Form eines unregelmäßigen Trapezes:

Das ist das Forum oder der Marktplatz. Vor uns liegt, mit Blick zum Meer, die große Thermenanlage, auch das »alte Kloster« genannt, weil der Komplex in frühchristlicher Zeit entsprechend umfunktioniert wurde. Auch dieses Gebäude, das an seinen Ziegelmauern zu erkennen ist, stammt aus der römischen Kaiserzeit. Klar erkennbar ist der Grundriß, unterteilt in Vestibulum, Frigidarium (ein Raum für das kalte Bad mit zwei Wannen, von denen die eine halbkreisförmig, die andere viereckig war), Tepidarium und zwei Kalidarien (hier dienten einige *suspensurae* dazu, den Boden anzuheben, um einen Zwischenraum entstehen zu lassen, in dem die heiße Luft zirkulieren konnte).

Wir kehren zum Forum zurück, benutzen dieses Mal aber die Straße, die an der Küste entlangführt. Wir gehen in Richtung Norden und kommen so zu den wichtigsten Gebäuden der römischen Stadt und zu den bedeutenden puni-

Die Ausgrabungen von Tharros haben auch eine Thermenanlage zutage gefördert, die wahrscheinlich aus dem 2. Jahrhundert n. Chr. stammt. Auf dem Foto sieht man einen Teil des Calidariums.

schen Tempeln. Rechts fallen die beiden Säulen ins Auge, die in den 60er Jahren aus Beton rekonstruiert wurden; die eine wurde mit einem korinthischen Kapitell verziert. Hier erhob sich wahrscheinlich einmal ein römischer Tempel mit vier Säulen. Gegenüber stand eine Reihe religiöser Bauten aus punischer Zeit; der bedeutendste von ihnen war der Tempel mit den dorischen Halbsäulen (so genannt wegen der Halbsäulen, die noch im Sockel der Zella zu sehen sind), der in der zweiten Hälfte des 4. Jahrhunderts von den Karthagern errichtet wurde. Von diesen Tempeln ist jeweils nur der untere Teil erhalten geblieben, weil sie in römischer Zeit zerstört und geschleift wurden. Diese punischen Tempel waren von sehr schlichter Bauweise: Sie waren oben offen, um den Göttern den Zugang zu erleichtern; ringsum befand sich eine Reihe von Brunnenheiligtümern, die die Spenden der Gläubigen enthielten. Über diesen dem Erdboden gleichgemachten Gebäuden errichteten die Römer dann ihre neuen Tempel.

Wir verlassen die an der Küste entlangführende Straße und ignorieren die zweite, ebenfalls römische Thermalanlage, die im Hintergrund zu sehen ist. Wir gehen am

Tempel mit den dorischen Halbsäulen vorbei und nehmen den Decumanus, den Weg, der zum Turm führt. Dann kehren wir auf den Cardo zurück, wenden uns nach rechts und steigen bergauf, zum Hügel Su Muru Mannu; dies ist der letzte Abschnitt unseres Rundgangs zwischen den Ruinen von Tharros. Dieser Teil der Ausgrabungen hat sich als besonders interessant erwiesen. Hier kann man die eindrucksvolle, in polygonaler Technik erbaute Mauer, die die Stadt für Angreifer aus dem Norden uneinnehmbar machte, gut erkennen; sie stammt aus dem zweiten vorchristlichen Jahrhundert. Südlich dieser Mauer ist auch die einfache Befestigung der Karthager aus dem 6. Jahrhundert v. Chr. entdeckt worden, die aus großen behauenen Steinblöcken gebaut war. In der Nähe dieses Befestigungswerks wurde bei den Ausgrabungen 1962 der Bezirk des Tophet zutage gefördert. Dieses phönizische Heiligtum schien aus Urnen zu bestehen, die die Asche verbrannter Kinderleichen enthielten. Über die Bedeutung dieser Urnen sind sich die Gelehrten allerdings noch immer nicht einig:

Atrium

Frigidarium

Tepidarium

Destricarium

Laconicum

Calidarium

Latrina

Manche meinen, daß die Phönizier der Gottheit vor allem die Erstgeborenen der aristokratischen Familien opferten und deren Asche dann im Inneren des Heiligtums aufbewahrten; andere vertreten nach wie vor die Auffassung, daß das Tophet nichts anderes sei als ein Friedhof für totgeborene oder im zarten Alter verstorbene Kinder.

Doch das Tophet war nicht das älteste Bauwerk, das

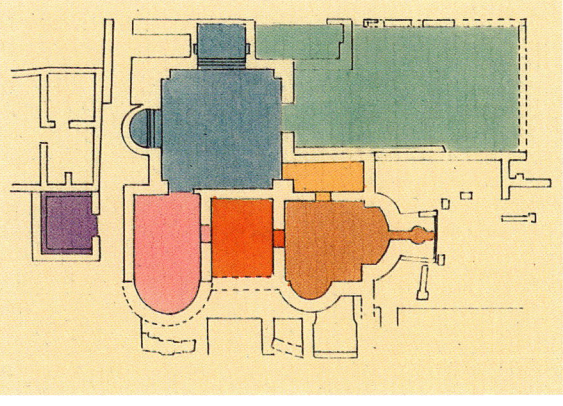

Die Thermenanlage von Tharros.

hier gefunden wurde, denn auf diesem Gelände wurde auch ein Nuraghen-Dorf ausgegraben. Als die Befestigungsanlagen in der römischen Kaiserzeit überflüssig geworden waren, wurde das ganze Areal planiert, um einem Amphitheater Platz zu machen – einer Arena, die fast 32 auf 30 Meter maß, von einem Erdwall umgeben war und von einer Mauer aus behauenen Steinblöcken gestützt wurde. In der Nähe dieses Amphitheaters sehen wir noch die Überreste einer Nekropolis, die bis ins 3. Jahrhundert n. Chr. benutzt wurde.

Während wir zum Ausgang zurückkehren, können wir uns bei unserem Cicerone nach dem weiteren Schicksal

TIPS & INFOS

*Ausführliche Informationen
finden Sie auf Seite 135*

SAN GIOVANNI DI SINIS

21 Kilometer von Oristano
Einwohner: 37
Höhe: 7 m ü. d. M.
Postleitzahl: 09072
Vorwahl: 0783

Informationen
Municipio di Cabras
Piazza Eleonora, 1
Tel. 39 12 51

ESSEN

Casas*
Tel. 37 00 71
Freitags geschlossen

*Der Hauptaltar der Kirche
San Giovanni Battista in
San Giovanni di Sinis.*

dieser Stadt erkundigen, die in ihrer Blütezeit vom Meer lebte und zerstört wurde, als das Meer zur Bedrohung wurde – zuerst infolge der Invasionen der Barbaren (vor allen der Vandalen) und dann, nachdem sie zur Zeit der byzantinischen Mißwirtschaft bereits zu einem unbedeutenden Weiler herabgesunken war, aus ständiger Furcht vor den Überfällen der Sarazenen. Schließlich wurde Tharros verlassen (das Ereignis wurde auf das Jahr 1070 datiert) und als Steinbruch genutzt.

Auf derselben Straße, die uns nach Tharros geführt hat, fahren wir nach **San Giovanni di Sinis** zurück. Wir lassen den Hügel Su Muru Mannu rechts hinter uns und überqueren den Isthmus – ursprünglich ein Kanal, den die Karthager zum Schutz der Stadt gebaut hatten. Wenn wir jetzt einen Blick auf die Lagune von Mistras werfen, können wir einige der typischen, einst sehr zahlreichen Fischerhütten mit ihren Sumpfbinsendächern sehen. Bis in diese Gegend hatte sich in spätantiker Zeit, als der punische Kanal bereits zugeschüttet war, die Stadt ausgedehnt. Hier entstand im 6. Jahrhundert das erste christliche Bauwerk (bei einem noch älteren Bau, der auf Capo San Marco entdeckt wurde, handelt es sich nur um eine kleine Kapelle). Die Kirche San Giovanni, neben San Saturnino in Cagliari die älteste Kirche Sardiniens, liegt direkt an der Straße. Die schmucklose Vorderfront besteht aus drei Bogen, die durch einen einfachen Rahmen hervorgehoben werden. Über dem Portal befindet sich ein achteckiges Fenster; große Sandsteinblöcke dienen als Türpfosten und Architrav. Das ganze Gebäude war früher mit der goldschimmernden Patina des Steins überzogen; doch vor einigen Jahren ist es durch eine ziemlich lieblose »Restaurierung« unter Verwendung von viel Beton verschandelt worden. Das Innere ist dagegen immer noch sehr beeindruckend. Wenn man es, vom Sonnenlicht geblendet und von der Sommerhitze ermattet, betritt, hat man das Gefühl, in eine Oase der Frische und des Friedens einzutauchen. Der älteste Teil der Kirche besteht aus dem Chorraum und einem Querschiff. Wenn man sich unter die Kuppel stellt, kann man in den Rahmen unschwer eine Disharmonie zwischen Kuppel und Mittelschiff ausmachen, die deutlich macht, daß nur die vier großen Bogen, die die Kuppel tragen, die Kuppel

selbst und ein Teil der Seitenflügel zum ursprünglichen
Bau gehörten, der wohl über einem Grundriß in Form
eines griechischen Kreuzes errichtet wurde. Noch vor
dem Jahr 1000, vielleicht im 9. Jahrhundert, wurde der
ganze vordere Teil angebaut: Das von den beiden Sei-
tenschiffen durch gedrungene Bogen getrennte Mittelschiff ruht auf massiven Stützpfeilern und ist von Ton-
nengewölben überspannt. Hier befindet sich übrigens
auch ein sehenswertes Weihwasserbecken aus der Ba-
rockzeit.

Das moderne Dorf San Giovanni di Sinis ist wahrscheinlich am ehemaligen Standort eines einfachen Novenario entstanden. Um den Anblick des Vorgebirges
von Capo San Marco auf der einen Seite und von Capo
Seu auf der anderen so richtig genießen zu können, sollten wir für unseren Spaziergang auf den Klippen bis zum
Sonnenuntergang warten. Nur schade, daß uns die von
hier aus unübersehbaren Bausünden – eine Folge der
völlig planlosen Urbanisierung von Funtana Meiga –
melancholisch stimmen. Aber ein Abendessen bei den
Schwestern Casas, die in gewisser Hinsicht die Tradition
des Ortes repräsentieren, wird unsere Stimmung rasch
wieder aufhellen. Ihr blitzsauberes Lokal ist schlicht,
aber geschmackvoll eingerichtet, und in ihrer Küche
werden ausschließlich lokale Produkte verwendet. Lassen Sie sich nicht die berühmte Merca delle Casas entgehen – Meeräsche, die in stark gesalzenem Wasser ge-
sotten, in Sumpfkräuter *(ziba)* gewickelt und an der
Luft getrocknet wird. Eine unvergeßliche, etwas alter-
tümlich anmutende Speise.

Auf unserem Rückweg von San Giovanni di Sinis zur
Abzweigung bei San Salvatore sehen wir, ungefähr zwei
Kilometer hinter San Giovanni, ein Hinweisschild mit
der Aufschrift »Funtana Meiga«. Wir biegen auf die Piste ein, die in das moderne Dorf führt, das sich den Augen des Betrachters als abschreckendes Beispiel für eine
völlig hirnlose Bauspekulation darbietet, zumal es in
großen Teilen weder fertiggestellt noch vollständig bewohnt ist; es ist wohl kein Zufall, daß hier selbst im August Häuser leerstehen. Hinter Funtana Meiga führt die
Straße rechts weiter nach **Capo Seu,** das von einem spanischen Turm überragt wird. Hier befindet sich ein vom
World Wildlife Fund unterhaltenes Schutzgebiet, das
man nur zu Fuß erwandern kann – einen krasseren Gegensatz zu der benachbarten Neubausiedlung mit ihrer
völligen Mißachtung der natürlichen Umwelt kann
man sich kaum vorstellen.

*Details aus dem Inneren der
Kirche San Giovanni Battista
in San Giovanni di Sinis.
Oben: Tabernakel aus
geschnitztem Holz.
Unten: Weihwasserbecken aus
Tuffstein.*

Ein Novenario und der Wasserkult

Mit seinen 130 um eine alte Kirche gruppierten Häuschen kann das Dorf San Salvatore als besonders gutes Beispiel für ein Novenario vorgestellt werden. Es handelt sich um ein nur zeitweilig genutztes religiöses Zentrum, wie sie in ganz Sardinien häufig anzutreffen sind. Die Häuschen (*cumbessias oder muristenis*) dienen den Gläubigen für neun Tage vor dem Jahresfest der Wallfahrtskirche als Unterkunft. Das restliche Jahr über bleibt der Ort verlassen – mit Ausnahme einiger Tage während der Aussaat und der Ernte. Nicht zufällig liegt San Salvatore in einem Gebiet, in dem von alters her Ackerbau betrieben wurde: Etwa 40 Meter westlich der Kirche wurden die Überreste eines römischen Getreidespeichers aus dem zweiten vorchristlichen Jahrhundert gefunden; er stammte mithin aus einer Zeit, in der Sardinien für die Römer – wie zuvor bereits für die Punier – zu einem *subsidium frumentarium,* einer Getreidekammer, geworden war. Das Novenario von San Salvatore beherbergt heute die Leute aus Cabras, wenn sie zur Zeit der Aussaat und der Ernte hierherkommen; außerdem wird es während des Festes am ersten Sonntag im September, wenn hier die Corsa degli scalzi (»der Lauf der Barfüßigen«) stattfindet, genutzt.

Das heutige Kirchlein stammt aus dem 18. Jahrhundert. Bis damals bestand die Wallfahrtskirche aus einem gut erhaltenen unterirdischen Bau, in dem die Archäologen Spuren von mehreren übereinander gebauten Siedlungen fanden, deren älteste auf das Zeitalter der Nuraghen zurückgeht. Die an der Außenmauer der Kirche angebrachte Tafel erinnert an die wechselvolle Geschichte des Gebäudes, die es mit einem besonderen Merkmal der alten sardischen Kultur in Verbindung bringt und daran erinnert, welche Bedeutung auf einer Insel mit so vielen ariden Zonen dem Süßwasserkult zukam. Dieser Kult fand seinen Ausdruck in den Brunnenheiligtümern, die in Sardinien seit der Zeit der Nuraghenkultur sehr weit verbreitet waren (das bedeutendste Beispiel ist der Brunnentempel von Santa Cristina bei Paulilatino).

An dem Monument von San Salvatore läßt sich die Kontinuität seines Gebrauchs ablesen – von der Zeit der Nuraghen über den Umbau in römischer Zeit im 3.–4. Jahrhundert n. Chr. bis zur Umwidmung in christlicher Zeit. Ein monolithischer Phallus, der in dem nuraghischen Brunnen entdeckt wurde, und die im Dorf gefundene Statuette der Muttergöttin (ohne Kopf) beweisen den Zusammenhang zwischen dem alten Wasserkult und dem für alle bäuerlichen Kulturen typischen Fruchtbarkeitskult. In römischer Zeit kam noch die Verehrung der Venus hinzu, deren Bild auf einem großen Graffito in dem mit einer Apsis versehenen Raum rechts vom Brunnen erkennbar ist. Dorthin gelangt man über die Treppe, die vom Fußboden des linken Kirchenschiffes nach unten führt. Nach einem Korridor mit Deckengewölbe, auf den sich zwei Räume mit rechteckigem Grundriß öffnen, betritt man eine Rotunde mit Kuppel, in deren Mitte sich ein Endlüftungsloch befindet: Hier ist der Brunnen mit dem Wasser, dem man heilsame Kräfte zuschrieb und das im Mittelpunkt des Kultes stand. Von der Rotunde gelangt man zu drei Räumen: Der hintere hat einen halbkreisförmigen, die seitlichen, mit Apsiden versehenen Räume haben einen rechteckigen Grundriß. Die beiden letzteren besitzen ein Tonnengewölbe, während der erste Raum von einer Halbkuppel überwölbt ist. Hier ist ein kreisrunder Brunnen mit dem *baitylos,* dem »heiligen Stein« aus nuraghischer Zeit, in den Boden eingelassen. Das Mauerwerk des Hypogäums geht auf spätrömische Zeit zurück (2.–3. Jahrhundert); damals wurde als Gegenbewegung zum Christentum der Venuskult neu belebt. Venus wurde als Göttin der Magie verehrt, aber vor allem im Zusammenhang mit dem Wasser, weil sie ja aus dem Meer geboren war. Venus ist auch eine Göttin der Fruchtbarkeit, insbesondere dann, wenn sie, wie in diesem Fall, zusammen mit dem Gott Mars dargestellt wird. Auf dem Graffito sind zwei weitere weibliche Gestalten – eine Muse und vielleicht die Mondgöttin – und ein geflügelter Cupido zu erkennen, der auf die Vereinigung der beiden Gottheiten anspielt. In einem anderen Teil, gleich rechts neben der Eingangstür, befinden sich die Über-

reste einer Darstellung des Herkules, der den Löwen erdrosselt. Auch dieser Halbgott verfügt über Züge einer heilbringenden Gottheit, und tatsächlich erhält er auch oft den Beinamen *sotér,* »Erlöser« (also »Salvatore«).

Diesen bedeutenden Bildern sind – auch in jüngerer Zeit – viele andere, von minderer Qualität hinzugefügt worden: Schiffe, Tiere und Inschriften, in denen oft das Monogramm RVF erscheint, das für die punische Anrufungsformel Rufó (»errette mich!«) steht. Votivbilder dieser Art beweisen die schützende Funktion des Ortes, die er, wie der heutige Name des Wallfahrtskirche bezeugt, auch in christlicher Zeit beibehalten hat.

Corsa degli scalzi

In den Monaten August und September kehrt in San Salvatore das Leben wieder ein. Jene Bewohner von Cabras, die ihre Novenen abhalten wollen, beziehen die Häuschen des ansonsten »ausgestorbenen« Ortes und bereiten sich dann während der neun Tage vor dem ersten Sonntag im September mit Gebeten, Kreuzwegandachten und einigen Ritualen heidni-

schen Ursprungs darauf vor, an die Errettung der San-Salvatore-Statue vor einem Sarazenenüberfall zu erinnern. Nur am Donnerstag und am Samstag werden sie durch einige folkloristische Darbietungen von ihren frommen Übungen abgelenkt. Den Höhepunkt des Festes bildet die berühmte Corsa degli scalzi: In den frühen Morgenstunden des Samstags wird die San-Salvatore-Statue in einer Prozession aus der Kirche Santa Maria in Cabras zum Rand des Dorfes getragen und dann

einer Gruppe barfüßiger, weißgekleideter junger Männer übergeben, die sie im Laufschritt ins Dorf tragen, wo feierliche Gottesdienste abgehalten werden. Am Spätnachmittag des Sonntags wiederholt sich das Ritual in umgekehrter Richtung: Von s'omu de cubas (Überreste alter römischer Thermen) ziehen Hunderte junger Gläubiger auf den üblichen Pfaden wieder zurück; sie folgen dem Fahnenträger, der vor der Statue des Heiligen einherläuft.

Der Strand von Is Arutas mit seinen schneeweißen Quarzkörnchen lohnt auf jeden Fall einen Umweg.

In dieser Oase kann man, wenn man den drei Kilometer langen Pfad entlanggeht, die Bestandteile eines authentischen mediterranen Landschaftstyps kennenlernen: Tatsächlich ist die ganze Landspitze, soweit das Auge reicht, von Macchia bedeckt, die ihr das Aussehen einer schimmernden Steppdecke verleiht. Der Lehrpfad ist mit kleinen Karten und Schildern ausgestattet, die dem Besucher helfen, Fauna und Flora der typischen Mittelmeer-Macchia zu identifizieren. Wir erfahren zum Beispiel auch, daß die Zwergpalme, deren Faser zur Herstellung von Matratzen verwendet wurde und die einst auf der ganzen Sinis-Halbinsel verbreitet war, heute nur noch hier, in ihrem südwestlichsten Zipfel, gedeiht. Wenn wir bis zum Fuß der Landspitze hinuntersteigen, gelangen wir zu einem atemberaubenden Strand, der sogenannten Spiaggia delle tartarughe (»Schildkrötenstrand«), wo wir uns ein Bad gönnen sollten.

Wir kehren auf der Provinciale zurück, die, hinter der Abzweigung bei **San Salvatore,** nach Putzu Idu weiterführt. Ungefähr einen Kilometer hinter San Salvatore sollte man noch einmal nach links, zum Meer hin, abbiegen, um zum Strand von **Is Arutas** mit seinen weißen, durchsichtigen, vom Meer vollkommen rund geschliffenen Quarzkörnchen hinunterzufahren.

Wer die Beschaffenheit der Sandkörnchen der verschiedenen Strände näher untersucht, kann, wenn er die Sinis-Halbinsel in Süd-Nord-Richtung durchquert, eine seltsame Beobachtung machen: Hier hat jeder Strand eine andere Sandkörnung. Der Sand, den man auf der Landzunge findet, die nach Capo San Marco führt, ist überaus fein; die Körnung bei San Giovanni ist gröber, und noch gröber ist die von Is Arutas mit ihren Sandkügelchen, die wie kleine Edelsteine funkeln; am weichsten ist aber der puderfeine Sand des Strandes von Is Arenas, der sich an der nördlichen Seite der Sinis-Halbinsel über sieben Kilometer hinzieht. Oberhalb von Is Arutas dagegen, hinter Mari Ermi, wo noch einige typische laubgedeckte Fischerhütten stehen, besteht die Küste aus ausgedehnten weißen Kliffen (sie reichen von Roia de su Cantaru bis Punta s'Incodina).

Wenn man Putzu Idu mit dem Auto erreichen will, muß man auf die Provinciale zurückkehren, die zuerst am Stagno di Cabras und dann am Stagno di Sale Porcus – sardisch: Sa' 'e Proccus – entlangführt.

Der **Sa' 'e Proccus** ist ein zwischen den Dünen gelegener See, dessen Brackwasser im Sommer vollständig verdunstet. In der heißen Jahreszeit sieht er aus wie ein riesiger schneeweißer Teppich, während er sich in der Regenzeit in einen blauen Spiegel verwandelt, auf dem sich die Flamingos als kleine rosa Pünktchen abheben. Vor einigen Jahren sind dort in einem November einmal 6000 Flamingos gezählt worden, aber manche Leute erinnern sich, daß man im Herbst 1986 sogar auf 8500 Exemplare gekommen ist. Der im Besitz der Region Sardinien befindliche See ist – leider nur auf dem Papier – durch die Internationale Konvention von Ramsar geschützt. Seit 1980 ist auch er ein Tierschutzgebiet, das der – ebenfalls nur sehr theoretischen – Kontrolle durch den italienischen Vogelschutzbund LIPU untersteht. Die Vögel kann man am besten im Herbst beobachten, während wir Frühjahr und Frühsommer ausdrücklich all jenen empfehlen möchten, die sich für die vielfältige Pflanzenwelt begeistern.

Weißer Flamingo, Seidenreiher, Sperber – schöne Beispiele für die reiche Vogelwelt der Insel.

Flammendrot auf einem Bein

Ist der Flamingo nun eigentlich rosa oder rot? Geht man von dem Namen aus, den die alten Sarden diesem wunderschönen Vogel gegeben haben, dann ist das Rätsel gelöst, denn für sie waren die Flamingos seit eh und je *sa genti arrubia,* »die roten Leute«.

Flammendrot, vermischt mit dem Schwarz der Federn und dem Weiß des Flaums, ist die Farbe, die vorherrscht, wenn man diese Vögel fliegen sieht: Vom Schnabel bis zu den langen, dünnen Beinen, vom Flaum bis zu den Federn der Flügel leuchten die Flamingos am azurblauen Himmel über den Seen und bieten so ein einzigartiges Schauspiel.

In den Seen, die die Niederungen der Sinis-Halbinsel ausfüllen, aber vor allem in den weniger großen und besonders flachen Seen des Oristanese (Mistras, Sa' 'e Proccus, Pa' 'e Sai und Sa Salina Manna) kann man vom Hochsommer bis zum Vorfrühling (genauer gesagt von Ende Juli/August bis Ende März/April) zahllose Flamingos erleben.

Auf ihrer Wanderung von der Camargue, der Rhônemündung, ins nördliche Afrika, ja bis in den Senegal machen diese Vögel Station in den küstennahen Seen Sardiniens, die ihnen ideale Lebensbedingungen bieten.

Wenn wir die Geduld haben, uns längere Zeit in der Nähe der Seen zwischen Cabras, San Giovanni di Sinis, Riola und Marina di San Vero Milis aufzuhalten, können wir oft Tausende dieser Stelzvögel beobachten. Mit einem Fernglas kann man ihnen zu unterschiedlichen Tageszeiten zusehen – bei Tagesanbruch, wenn einige ihre Morgentoilette verrichten, während andere noch, auf einem Bein stehend und mit nach hinten, unter den Flügel gebogenem Hals, schlafen; oder mitten am Tag, wenn sie mit heiserer Stimme lange Gespräche miteinander führen, den Weibchen den Hof machen, mit den Schnäbeln kämpfen und mit einer einzigartigen Zeremonie auf Nahrungssuche gehen: Unter seltsamen Tänzen ernähren sie sich aus dem Schlamm der sumpfigen Lagune, aus dem sie mit ihrem großen Schnabel winzige Tierchen, vor allem *artemia salina,* herausfiltern. Die gesellig lebenden Flamingos halten die Seen in dichten Gruppen besetzt, die aus Individuen unterschiedlichen Alters bestehen. Manchmal sieht man aber die Jungvögel in einem ihnen vorbehaltenen Teil des Sees wie in einer Art Kindergarten zusammengedrängt. Sie sind leicht an ihrem grauen Flaumkleid zu erkennen, während die erwachsenen Vögel über dem Wasser eine kompakte Masse bilden, getragen von ihren langen, dünnen, roten Beinen, die sie ständig in Bewegung halten.

Wer das ungewöhnliche Schauspiel genießen will, das diese Vögel in den Seen der Sinis-Halbinsel bieten, sollte sich in gebührender Entfernung halten, am besten im Auto sitzen bleiben, denn der Flamingo hat keine Angst vor Autos, aber vor Menschen! Wenn er ihn bemerkt, entfernt er sich mit fast unmerklichen Bewegungen oder fliegt nach einem kurzen Lauf über den sumpfigen Untergrund davon. Innerhalb weniger Sekunden schwingen sich dann zwei, drei, zehn, zwanzig, ja Hunderte von Flamingos mit nach vorn gestrecktem Hals in die Lüfte und bilden mit den nach hinten gestreckten Beinen eine einzige elegante, lange Linie und zeichnen so das charakteristische V ihrer Formation in den Himmel.

Hinter dem See zweigt die Straße nach **Putzu Idu** ab, einem modernen Ort, der in baulicher Hinsicht genauso chaotisch wirkt wie die Ferienzentren **Mandriola** und **Su Pallosu.** In Putzu Idu organisieren die Fischer der Cooperativa Pescatori di Su Pallosu seit 1994 eine Art Fischfang-Tourismus. Hier können sich Besucher, mit Netzen und Reusen ausgestattet, am Fischfang beteiligen und vor allem einen ganzen Tag auf diesem Meer zubringen, das noch die Farben und die Klarheit des ursprünglichen Meeres besitzt. Für eine erholsame Rast empfehlen wir das Bar-Restaurant Le Saline im Ortsteil Zerrei (Tel. 5 20 65), ein modernes Lokal, wo man im Sommer auch unter freiem Himmel tanzen kann.

Von Putzu Idu aus kann man Ausflüge auf die Insel **Maldiventre** unternehmen. »Bauchwehinsel« ist eine falsche Übersetzung des sardischen *malu entiri,* was soviel wie »widrige Winde« bedeutet. Damit sind jene wilden Winde gemeint, die die Schiffahrt in der Nähe solcher Inseln zu einem gefährlichen Unternehmen macht. Die Geschichte dieses unbewohnten Felseneilands, das aus einem einzigen Porphyrgranitblock besteht, ist uralt. Hier handelt es sich um das einzige Zeugnis des Paläozäns in ganz Westsardinien. Die Insel ist nur 86 Hektar groß und fast vollständig von einer niederwüchsigen Vegetation, auf der vor dem

Diese Gegend läßt sich gut zu Pferde erkunden.

Mistral geschützten Ostseite von der typischen mediterranen Macchia bedeckt. Hier tummeln sich Tausende von Vögeln – Silbermöwen, Lachmöwen, Kormorane und Sturmtaucher. Eine Küstennuraghe bei der Cala dei Pastori und die Überreste einer römischen und byzantinischen Siedlung sind die einzigen Zeugen der hier immer schon problematischen Beziehung zwischen Menschen und Umwelt.

Für den Naturliebhaber von großem Interesse ist auch **Capo Mannu,** das Putzu Idu und Mandriola von Su Pallosu trennt. Im Vorgebirge von Capo Mannu findet man die imposanteste Formation konsolidierter fossiler Dünen in ganz Italien, die entweder aus dem Pliozän oder aus dem Quartär stammt. In den Fossilböden dieser

Wenn die moderne Architektur auch den Rohziegelbau ganz aufgegeben hat, kann man in den Dörfern der Ebene von Oristano noch zahlreiche Beispiele für Häuser aus ungebrannten Ziegeln (ladrinis) *sehen. Die Schlichtheit der Linien, die zwischen weißen Straßen und baumgesäumten Plätzen früher einmal ein harmonisches Ganzes bildeten, und die Nüchternheit der verputzten Fassaden stehen im Gegensatz zu den Schmuckelementen aus hellem Sandstein, düsterem Basalt oder rosafarbenem Trachyt an den Tragebalken und den Tür- und Fensterpfosten; hier hinterließen die* piccapedreris *(Steinmetze) oft schöne Basreliefs mit floralen oder geometrischen Mustern. Auch die Innenräume sind einfach und schmucklos: Einige Zimmer, mit Fußboden aus gestampftem Lehm oder einer Pflasterung aus zerstoßenem Steingut, blicken auf die große* saba *(Saal), die als Eingang, Aufenthaltsraum und als zeitweiliger Speicher für landwirtschaftliche Produkte dient. Der eigentliche Wohnbereich trennt den öffentlichen Raum, der Straße, und dem privaten Raum, dem Hof, der wiederum in* cottila *und* cottiledda *(Hof und kleiner Hof) unterteilt ist. Er ist um einen großen zentralen, teilweise mit Kieselsteinen gepflasterten Platz angeordnet; ringsum liegt eine Reihe offener und geschlossener Räume, die als Ölpreßraum, Viehstall, Hühnerstall oder Vorratskammer dienen und ebenfalls aus bloßer Erde sind. Das aus lokal hergestellten Dachpfannen gebaute Dach vervollständigt das Bild von Einheitlichkeit und baulicher Strenge.*

Düne sind Knochenfragmente und Zähne gefunden worden, die einem kleinen Wildschwein, einer Antilope und anderen kleinen Wirbeltieren aus dem Pliozän zugeordnet wurden. In diesen Fossilien kann man die Vorfahren des heutigen sardischen Wildschweins und des Prolagus sardus erkennen, eines hasenartigen Tieres aus dem Quartär, das bis zum Neolithikum auf Sardinien heimisch war. Es handelte sich um ein Tier, das aussah wie eine Mischung von Maus und Kaninchen und von dem manche Gelehrten glauben, es habe auf der Insel Tavolara bis ungefähr 1700 überlebt.

Natürlich ist in einer solchen Gegend, wo das Alte in so vielen verschiedenen Formen präsent ist, das Auto mit seinem Lärm und seinem modernen Tempo völlig deplaziert. Machen wir uns also zu Fuß oder mit dem Mountainbike oder auch zu Pferd auf den Weg; dafür können wir uns an einen der vielen Reiterhöfe wenden, die hier bestehen. Zum Beispiel an den von Tonino Fenu, der Spazierritte über Is Arutas oder die Dünen von Is Arenas organisiert. Um letztere, den größten Strand der Sinis-Halbinsel, mit dem Auto zu erreichen, muß man die Straße nach Riola Sardo nehmen und dann auf der Statale 292 weiter nach Norden fahren, bis man zu einer Abzweigung kommt, wo eine Piste zum Meer führt. Hier stößt man auf den riesigen, im Zuge der großen Trockenlegung angepflanzten Pinienwald. Durch das Mammutwerk der *Bonifica* hat sich der über Jahrhunderte gewachsene, wüstenartige Charakter der Halbinsel radikal verändert. In diesem Pinienwald liegt übrigens auch der Campingplatz Nurapolis, der fast keinen Wunsch seiner Gäste offenläßt (siehe Kasten S. 53).

Von Is Arenas kehren wir über **Cabras,** das wohlha-
bendste und bevölkerungsreichste Dorf der Sinis-Halbinsel, nach Oristano zurück. Cabras ist um eine Burg
herum gewachsen, die sich einst am Ostufer des großen
Sees erhob. Hinter der Kirche von Santa Maria sieht
man noch ihre halb im Wasser versunkene Ruine.

Diese Burg diente den Richtern von Oristano als Som-
merresidenz, wo sie wichtige Dokumente unterschrie-
ben und zu jenen Zeiten, als sie mit Genua verbündet
waren, Botschafter, Notare und andere wichtige Persön-
lichkeit aus der ligurischen Republik empfingen. Der
außerordentlich fischreiche Stagno di Cabras muß
schon damals eine erkleckliche Einnahmequelle dargestellt haben, denn es ist wohl kein Zufall, daß der Richter Torbeno 1102 seiner Mutter Nibata eben die Ein-
künfte der Villa Cabras zuschanzte. Nachdem 1470 das
Marchesat von Oristano abgeschafft worden war, ging
ein Teil des Territoriums an die aragonesische Krone,
während sich im übrigen Teil ein Feudalsystem durch-
setzte. Im 16. und 17. Jahrhundert mußte Cabras
schmerzlicher als andere Orte die Angriffe, Verwüstun-
gen und Raubzüge der berberischen Piraten erleben.
Aufgrund dieser besonderen Probleme haben die Parla-
mente des Königreichs Sardinien-Piemont die kleine
Stadt lange Zeit von der Zahlung von Steuern befreit.
Cabras kam erst 1836–39 vom Marchesat los, als Karl
Albert von Savoyen das in Sardinien noch immer vorherrschende Feudalregime abschaffte.

TIPS & INFOS
*Ausführliche Informationen
finden Sie auf Seite 126 f.*

CABRAS

8 Kilometer von Oristano
Einwohner: 8480
Höhe: 6 m ü. d. M.
Postleitzahl: 09072
Vorwahl: 0783

Informationen
Municipio
Piazza Eleonora, 1
Tel. 39 12 51

*Ein Blick auf Capo sa Sturag-
gia, zwischen Putzu Idu und
Mari Ermi.*

Am Stagno di Cabras.

ESSEN

Il caminetto
Via Battisti, 8
Tel. 39 11 39
Montags geschlossen

Leopardi
Via Leopardi, 53
Tel. 29 08 07
Mittwochs geschlossen,
außer im Sommer

Sa funtà★
Via Garibaldi, 25
Tel. 29 06 85
Sonntags geschlossen

EINKAUFEN

Süßigkeiten
Giuseppe Facella
Via Tharros, 21

Frische Nudeln
Da Gesualda
Corso Italia, 64

Heute präsentiert sich der Ort mit seinen niedrigen, recht bescheidenen Häusern als typisches sardisches Dorf. Leider ist auch hier eine wenig achtsame Modernisierung dabei, die letzten Spuren der traditionellen Architektur zu zerstören. Mauern aus ungebrannten Ziegeln gelten als Ausdruck von Armut, denn wer mit Rohziegeln baute, mußte sich offensichtlich mit den vor Ort vorhandenen Materialien begnügen, die allerdings mit besonderer Rücksicht auf die klimatischen Bedingungen der Gegend verwendet wurden. Natürlich weisen noch viele Häuser die alte Mauerstruktur auf, doch sie wurde durch einen modernen Verputz zugedeckt und durch die übertriebene Vorliebe für die scheußlichen Türschlösser aus eloxiertem Aluminium zusätzlich verschandelt.

Was hier allerdings nach wie vor gepflegt wird, ist die traditionelle Küche, die sich in erster Linie auf die Zubereitung von Fischgerichten spezialisiert hat und zu den interessantesten von ganz Sardinien gehört.

Tatsächlich haben die Fruchtbarkeit des Bodens und der Fischreichtum der Seen dazu beigetragen, daß sich in Cabras eine kulinarische Tradition von sehr hoher Qualität herausbilden konnte. Sie findet ihren Ausdruck in herrlich duftendem Gemüse (hervorragend sind die kleinen Sinis-Artischocken, die sich gut in Öl konservieren lassen), in verschiedenen Fleischgerichten und lecker zubereiteten Fischen und – last, but not least – in exzellenten Weinen. Eine besondere Erwähnung verdient der Fischrogen: Bernsteinfarben ist der am mei-

Nurapolis

Der Campingplatz Nurapolis nördlich der Sinis-Halbinsel – man erreicht ihn über eine Sandpiste, die die Statale 292 kreuzt – bietet eine der interessantesten Beherbergungsmöglichkeiten in dieser Gegend. Hier kann man einen »intelligenten« Tourismus mit Augenmaß praktizieren – genau das Gegenteil von dem auf schnellem Konsum beruhenden, der mit seinen überall auf der Welt gleichen Ritualen so monoton ist und sich auf ganze Regionen so zerstörerisch auswirkt. Die jungen Leute der Cooperativa turistica Sinis, die den Campingplatz seit über einem Jahrzehnt betreibt, sind gern bereit, Ihnen ihre Heimat zu zeigen und zu erklären. Der Campeggio ist wunderbar gelegen: zwölf Hektar Wald in einem großen Staatsforst, der in den fünfziger Jahren hier, nur wenige Meter vom großen Strand von Is Arenas entfernt, von der Forstverwaltung angelegt wurde. Abgesehen von der üblichen Ausstattung – Bar, Restaurant, Krankenstation, Boutique, Zelt- und Wohnwagenverleih – gibt es jeden Abend ein Unterhaltungsprogramm und sportliche Wettkämpfe. Vertragspartner des Campeggio bieten Möglichkeiten für Reiter, Unterwassersportler, Windsurfer und Mountainbiker an.

Am interessantesten aber sind die Serviceleistungen, die die Kooperative anbietet: Sie kann regelrechte Themenurlaube organisieren mit Fachleuten, die zum Beispiel über die Flora und die Archäologie der Gegend Bescheid wissen oder sich auf Birdwatching spezialisiert haben. Angebotene Ausflugsrouten können zu Pferd, zu Fuß, im Boot und mit dem Mountainbike zurückgelegt werden. Eine ganze Palette von Möglichkeiten, unter denen sich jeder das auswählen kann, was ihm am meisten entspricht. Man kann hier allein, mit der Familie oder in einer Gruppe, auf Alter und Interessen abgestimmt, zu jeder Jahreszeit einen herrlichen Urlaub verbringen. Für die jungen und jüngsten Besucher gibt es auch ein breitgefächertes Programm unter der Leitung qualifizierter Erzieher.

Campeggio Nurapolis
Preise pro Tag:
Erwachsene: 5000 Lire
(vom 1.7.–31.8.: 6000 Lire)
Platz: 5300 Lire (7000 Lire)
Parkplatz für das Auto:
1700 Lire (2000 Lire)
Strom: 2500 Lire
Kinder: 3500 Lire (4500 Lire)
Vollpension: 45 000 Lire (55 000 Lire in der Hochsaison)
Bungalow: 36 000 Lire pro Tag für zwei Personen (40 000 Lire in der Hochsaison); 56 000 Lire (60 000 Lire) für vier Personen.

Der Campingplatz läßt sich auch ohne Auto bequem erreichen: Wer mit dem Schiff in Porto Torres ankommt, kann automatisch die Buslinie Doppiu bis Nurapolis benutzen. Außerdem hat man von Oristano aus gute Zugverbindungen: Ein Anruf beim Campingplatz genügt, und man wird vom Bahnhof abgeholt.

sten geschätzte, dunkelrot der weniger seltene aus Thunfischeiern (der beste wird aus den Eiern der Meeräsche gewonnen, die gewaschen, gesalzen, luftgetrocknet und dann gepreßt werden). Um seinen angenehmen Geschmack nach Meerwasser voll genießen zu können, sollte man ihn naturbelassen und in dünne Scheiben ge-

Frischer und konservierter Fisch
Fratelli Manca
Via Cima, 5
Pescheria Vittorio Mirai
Via Roma, 33

H A N D W E R K

Töpferei

Angelo Sciannella
Corso Italia, 207
Tel. 29 02 57

Lederwaren

Graziano Viale
Via Brigata Sassari, 34
Tel. 39 19 12

W E I N K E L L E R E I

Attilio Contini
Via Genova, 48
Tel. 29 08 06/29 01 82

schnitten essen; dazu empfehlen wir ein Glas des köstlichen, kühl servierten Vernaccia di Oristano. Üblicherweise aber wird der Rogen über Spaghetti zerrieben. Es lohnt sich vielleicht, daran zu erinnern, daß eben in Cabras eine der Weinkellereien ihren Sitz hat, die zum Symbol der Wiedergeburt der sardischen Önologie wurden, nämlich die der Familie Contini. Besuchen Sie ihre Weinkellerei in der Via Genova 48 (am besten nach vorheriger telefonischer Anmeldung, siehe S. 127), und erfreuen Sie sich am Anblick der vielen Reihen alter Fässer, in denen der Vernaccia langsam herausreift. Aus verschiedenen alten Jahrgängen stellten die Gebrüder Contini übrigens ihren wunderbaren Antico Gregori, einen der besten Weine der Gegend, zusammen.

Mit dem Besuch in der Weinkellerei Contini geht unser zweiter Ausflug ins Oristanese zu Ende: Hinter Cabras nehmen wir wieder die Abzweigung zur Wallfahrtskirche Madonna del Rimedio und fahren zurück nach Oristano.

Der feinste und seltenste Kaviar wird aus dem Rogen der Meeräsche gewonnen, der gewaschen, gesalzen, luftgetrocknet und dann zusammengepreßt wird.

Strandwanderung

M it dem Auto fahren wir bis Putzu Idu. Dort biegen wir vor einem Restaurant vor Beginn der Strandprome-nade links ab und fahren auf der Piste weiter, bis sie endet. Der letzte Abschnitt führt zwischen dem Meer und Häusern hindurch. Hier, am Strand von s'Arena Scoada, können wir das Auto abstellen. Der erste Teil unserer Wanderung verläuft auf der Steilküste in Höhe von etwa 20 Metern über dem Meer. Wir kommen durch Punta de s'Incondina, Roia de su Cantaru und Capo sa Sturaggia; von dort geht es hinunter nach Portu s'Uedda. Zu Fuß können wir hier über die schö-nen Quarzstrände weitergehen – ein lohnender, wenn auch etwas anstrengender Spaziergang. Mit dem Mountainbike fährt man dagegen auf der Piste, die an den Stränden entlang verläuft. Vor Portu s'Uedda kommen wir über Puntas su Bar-doni nach Is Arutas, einem der schönsten Strände der Provinz Oristano. Wer das Schutzgebiet des WWF in Turr'e Seu be-suchen möchte, kann über Punta Maimoni den Strand ent-langwandern; mit dem Moun-tainbike fährt man die Piste weiter und achtet auf das Schild, das auf den Eingang zum Land-schaftsschutzgebiet hinweist. Die Wege innerhalb dieser »Oase« sind mit kleinen Karten versehen. Es gibt auch einen interessanten Lehrpfad, an dem entlang dem Besucher die typische Flora der Mittelmeermacchia erklärt wird. Von dem aragonesischen Turm, der sich noch auf dem geschütz-ten Areal befindet, geht es weiter in Richtung San Giovanni di Sinis und Tharros.
Für den Rückweg nach Putzu Idu nehmen die Radfahrer die asphal-tierte Straße, die durch das Dorf San Salvatore führt; die Fuß-gänger können dieselbe Strecke zurückgehen, auf der sie gekom-men sind, oder Freunde bitten, sie hier mit dem Auto abzuholen.

Ausgangsort:
PUTZU IDU

Zielort:
SAN GIOVANNI DI SINIS ODER PUTZU IDU

Voraussichtliche Dauer des Ausflugs:

   7 STD.

🚴   4 STD.

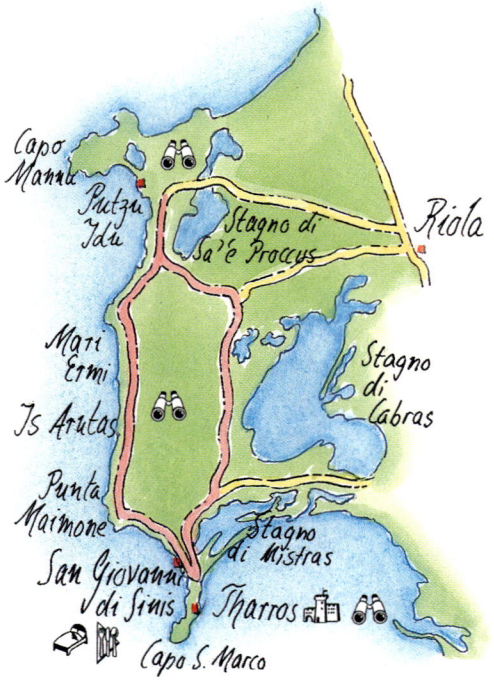

Von See zu See
nach Capo Mannu

*Ausgangs- und
Zielort:*
**DER STAGNO DI
SA' 'E PROCCUS**

*Voraussichtliche
Dauer des Ausflugs:*

 5 STD.

Mit dem Auto fahren wir bis zum Stagno di Sa' 'e Proccus: Von der Provinciale 292, die Oristano mit Cuglieri
verbindet, biegen wir ungefähr zwei Kilometer, nachdem wir
durch die Ortschaft Riola Sardo gekommen sind, links ab
und folgen der Ausschilderung nach Putzu Idu. Nach etwa
zehn Kilometern können wir kurz vor einem Restaurant, das
zu unserer Rechten liegt, das Auto im Hof eines kleinen landwirtschaftlichen Betriebes abstellen und unsere Fußwanderung beginnen beziehungsweise mit dem Mountainbike star-

ten. Der See liegt in einer natürlichen, etwa 350 Hektar
großen Senke und ist in eine für Feuchtgebiete typische Vegetation eingebettet; das sumpfige, an Plankton und kleinen
Krustentieren reiche Wasser ist nirgend tiefer als einen Meter
und ist ein besonders beliebtes Gebiet für die prächtigen Flamingos und anderer Vögel, wie Stelzenläufer, Säbelschnäbler,
Reiher und Seeregenpfeifer. Ein schmaler, aber gut markierter Pfad führt um den See. Ihm wandern wir entlang, bis wir
seinen südlichsten Punkt erreichen. Sobald er nach rechts ab-
biegt, verlassen wir ihn. Nachdem wir das Feld zur Rechten
durchquert haben, geht es wieder leicht hangaufwärts. Wir
gelangen zu der asphaltierten Straße, die Putzu Idu mit San
Salvatore verbindet. Hier kann uns das Meer als Wegweiser
dienen, denn an den Klippen entlang führt hoch über dem
Wasser ein schmaler, gut markierter Pfad zur Ortschaft Putzu
Idu. Nach einem kurzen Abschnitt auf den herrlichen Klippen (zwischen Roia de su Cantaru und Punta de s'Incondina),
dem schönen Strand von s'Arena Scoada und dem Dorf Putzu
Idu, erreicht man den Hafen Mandriola. Zu Fuß kann man
auf dem schneeweißen Strand gehen; mit dem Mountainbike
fährt man auf der Seepromenade, die den zeitweilig austrock-
nenden See von Salina Manna vom Meer trennt. Gleich hinter einer Bar, vor der mehrere Telefonzellen stehen, biegt man
dann in die linke Straße ein. Dieser Weg führt zuerst zu den
Ruinen von Turr'e sa Mora (31 Meter über dem Meer), dann
zum Leuchtturm von Capo Mannu (22 Meter) und, wenn
man noch weitergeht, zur Torre di Capo Mannu (51 Meter),
einem wunderschönen Aussichtspunkt: Bei günstigem Wet-
ter sieht man rechts die kleine Insel Maldiventre, kaum unterhalb des Kaps, das Inselchen sa Mesa Longa und, ebenfalls
rechts, die ganze Steilküste, manchmal sogar bis hinüber nach
Alghero.
Wenn wir von Capo Mannu hinuntergehen, biegen wir,
gleich nachdem wir den Strand erreicht haben, der dem Inselchen sa Mesa Longa gegenüberliegt, rechts ab und gehen
auf einem kleinen sandigen Pfad weiter. Er führt uns zur
asphaltierten Straße zurück, die Putzu Idu mit Su Pallosu verbindet. Von Putzu Idu aus kehren wir auf derselben Straße,
auf der wir gekommen sind, zum Stagno di Sa' 'e Proccus
zurück.

Sehen und verstehen

Das schwarze Gold
des Monte Arci

Im Mittelpunkt eines imaginären Dreiecks zwischen Monte Arcuentu im Westen, Monte Ferru im Norden und Gennargentu im Osten erhebt sich der aus dem Tertiär stammende Monte Arci, das komplexeste Vulkansystem in ganz Sardinien. Seine günstige Position erlaubt einen Blick über die halbe Insel – vom Hügelmeer der Marmilla bis zu dem unverwechselbaren Profil der Giara di Gésturi (im Südosten), von den Bergen des Gennargentu im Nordosten bis zur Campidano-Ebene mit ihren Seen und Ufern. Der Vulkan war ungefähr 35 Millionen Jahre, vom Beginn des Oligozäns bis zum Quartär, aktiv. Im Laufe dieser Zeit hat er sein majestätisches Aussehen angenommen und das Hügelsystem ausgebildet, das sich heute zwischen Simala, Curcuris, Morgongiori und Ales erstreckt.

Der Abschnitt der Straße zwischen den beiden zuletzt genannten Orten bietet aufgrund der besonderen Schönheit der Landschaft und ihrer mannigfaltigen, oft kühnen Morphologie ein Schauspiel, das durch die Ausläufer der Conca Mraxi noch interessanter gestaltet wird; hierbei handelt es sich um die titanischen Reste eines Lavastroms, der im Hinblick auf Alter und Entstehung dem von Santa Lucia

di Villaverde und Usellus vergleichbar ist. Zu ihren Füßen breitet sich die nördliche Marmilla aus: kleine Hügel, teils aus zertrümmertem Sedimentgestein, teils aus Lavaintrusivgestein – wie etwa die schöne Lavarose an der Straße, die von Masullas zur Abzweigung von Gonnoscodina und Gonnostramatza führt. Manchmal bestehen sie aber auch aus Tuffstein oder aus unterschiedlichen Mischungen aller drei Gesteinsarten.

Einen Gegensatz zur sanften Harmonie dieser Reliefs bildet die rauhe, aber überaus reizvolle Landschaft der Trebine: Sa Trebina Longa (812 Meter), der höchste und unzugänglichste Punkt am Monte Arci, Sa Trebina Lada (703 Meter) – der Anstieg zu dieser Anhöhe ist nicht ungefährlich – und Su Carongiu de Sizoa (463 Meter), die einzige Erhebung, die man auch befahren kann. Diese vulkanischen Zacken, Überreste des ursprünglichen Kraters, von dem nur ein halbkreisförmiges Gebiet in der Region Sizoa übriggeblieben ist, erinnern uns, wenn wir sie von der Campidano-Ebene aus betrachten, an einen imaginären Dreifuß – sardisch *trebina*.

Beweise für die wiederholten Eruptionen des Vulkans sind die Schichten aus hellgrauer (älterer) und schwarzer (jüngerer)

Basaltlava, mit denen die Flanken des Berges bedeckt sind und die den größten Teil der entlegenen Hochebenen bilden. Während der Mantel des Monte Arci aus Basalt ist, besteht sein Kern aus Trachyt, der nur auf der höheren Westseite zutage tritt und sich in der Genna Spina (788 Meter), ganz im Süden, fortsetzt. Das Trachyt- und insbesondere das Perlitgestein enthalten Obsidian (siehe Foto), ein glashaltiges, hartes, brüchiges Gestein von sehr dunkler Farbe (es gibt aber auch – allerdings selten – roten, orangefarbenen, grauen und grünen Obsidian), auch schwarzes Gold genannt, das sich durch die rasche Abkühlung der Vulkanfelsen gebildet hat. Der intensive Abbau des Obsidians, der wegen seiner Geschmeidigkeit für die Herstellung von Waffen, Haushaltsgegenständen und Werkzeugen sehr geschätzt war, begann in der Altsteinzeit (6.–5. Jahrtausend v. Chr.) und dauerte bis in die Frühphase des Nuraghenzeitalters hinein, als die ersten Metalle verarbeitet wurden. Das schwarze Gold Sardiniens kam zunächst in Dutzende von Verarbeitungszentren; dann wurde es an die ungefähr zweihundert Handelsstationen weitergeleitet; von dort gelangte es schließlich in die Handelszentren von Korsika und Ligurien, in die Toskana, in die Poebene, in die Provence und nach Katalonien. Es ist dem Monte Arci, dem einzigen Obsidianvorkommen im westlichen Mittelmeerraum, zu verdanken, daß sich Sardinien zum ernsthaften Konkurrenten der anderen europäischen Obsidianlieferanten – der Insel Melos in der Ägäis und der im Thyrrenischen Meer gelegenen Liparischen und Pontinischen Inseln – entwickelte.

Der schwunghafte Handel, der also um den Obsidian herum entstand, erklärt, warum zwischen den Manufakten der sardischen neolithischen Kultur (Herstellung von Gefäßen mit eingeprägtem Dekor, Werkzeuge aus Stein und Knochen) und denen der Nachbarvölker gewisse Parallelen zu beobachten sind.

Die Hochebene des Monte Arci ist komplexer und reicher gegliedert als die angrenzenden Basalttafeln der Giara di Gesturi und von Siddi, denn sie zerfällt in zwei Höhenabschnitte. Im unteren Abschnitt, auf einer Höhe von 100 bis 300 Metern, der sich als Weidegrund eignet, ist die Vegetation spärlich, während in der höher gelegenen Zone, auf einer Höhe zwischen 500 und 700 Metern, Stein- und Flaumeichenwälder vorherrschen sowie ein dichtes, üppiges Unterholz aus Erika, Erdbeerbaum, Zistrose und Mastixsträuchern. Hier lassen sich vier Hauptgebiete von botanischem Interesse unterscheiden: 1. der homogene Steineichenwald, der sich zu Füßen der Trebine nach Westen erstreckt und verschiedene, speziell hier vorkommende Tiere und Pflanzen aufweist; 2. die Steineichenwälder von Acquafrida (Ales), Fustiobau (Pau), Mitza sa Figu (Palmas Arborea) und s'Utturosu Cadrus'Arangiu Aresti-Monte Cresia (Villaurbana), 3. der wunderschöne Wald monumentaler Stein- und Stecheichen von Is Cantareddus (Ales-Santa Giusta) und 4. die Feuchtwiesen und die *Pauli* von Pranu Santa Lucia (Pau-Usellus-Villaverde). Es handelt sich um kleine Niederungen, vergleichbar denen der Giare, wo im Laufe der Jahreszeiten abhängig von der verfügbaren Wassermenge eine Vegetation mit hohem Krautanteil eine eher feuchtigkeitsliebende Vegetation ablöst.

In diesem an Wasserquellen sehr reichen Gebiet lebten einst auch Damwild, Hirsche und Wildpferde. Heute ist die Fauna dieser Gegend gekennzeichnet von Wildschweinen, Füchsen, Wildkatzen und Mardern, Ringeltauben, Kolkrabe, Wiedehopf, Mäusebussard, Turmfalke, Falke, Rotfußfalke, Wanderfalke, Sperber und Hühnerhabicht. Auch einige seltene Exemplare des Habichtsadlers sind hier schon gesichtet worden.

Busachi

San
Lussorio   Fordongianus
Ollastra   Samugheo

Tirso

Stagno di
Mistras   Simaxis   Ruinas
                                            Mogorella
Oristano   Santa   Villa
             Giusta   Sant'Antonio   Asuni
Stagno
di
S.Giusta   Villaurbana

                                            Villa   Usellus   Assolo
                      GENNA SPINA   Verde   GIARA
                         739▲   Pau   DI GESTURI
             MONTE ARCI   PUNTA   Ales   Albagiara
                                 TREBINA LONGA
Arborea   847
                Marrubiu   Curcuris
                                  Morgongiori   Simala
Tanca   Gonnoscodina
Marchese   Terralba
            Uras   Masullas   gonnostramatza
San
Nicolò   Mogoro

            Ponte
            Cracaxa

**Ausgangs- und
Zielort:**
ORISTANO

Länge:
175 KM

*Voraussichtliche
Dauer des Ausflugs:*

  2 TAGE

Monte Arci und die Giara

Von Oristano über Santa Giusta, Arborea, Marrubiu,
Uras, Mógoro, Masullas, Gonnostramatza, Simala,
Ales, Pau, Villa Verde, Usellus, Assolo, Villa Sant'Antonio, Samugheo, Busachi, Fordongianus und Simaxis
zurück nach Oristano.

Wanderungen:

  PAU, ALBAGIARA UND ASUNI

Der Monte Arci und die Giara
Steineichen, Pferde und Quellen

E ine etwa drei Kilometer lange Straße verbindet Oristano mit der Ortschaft **Santa Giusta**, die heute fast schon an der Peripherie der Stadt liegt. Das am Ufer des gleichnamigen Sees gelegene Dorf erhebt sich über den Ruinen einer alten sardisch-punischen Siedlung, die Othoca hieß, was im Semitischen »alte Stadt« bedeutet.

Ein Othoca-Museum, in dem einmal die Überreste dieser alten Stadt ausgestellt werden sollen, befindet sich gerade im Bau. Seit dem 12. Jahrhundert ist der heutige Name, der auf die Verehrung einer lokaler Märtyrerin zurückgeht, urkundlich belegt. Auf der höchsten Anhöhe der Gegend, dem Standort der früheren Akropolis, steht heute die schöne romanische Kathedrale Santa Giusta, eines der bedeutendsten Bauwerke der ganzen Insel. Der optische Eindruck, den der imposante Kirchenbau vermittelt, ist dank dem Kontrast zwischen dem schwarzen Basaltstein der Treppe und des davorliegenden Platzes und dem alten goldgelben Sinis-Stein der Fassade sehr beeindruckend – vor allem dann, wenn man das vorherrschende Grau der umliegenden Ortschaft und das übliche Verkehrsgewühl mit ins Blickfeld nimmt. Die Kathedrale wurde zwischen 1135 und 1145 von Handwerkern erbaut, die in der Tradition der pisanischen Schule standen. Aber auch die große romanische Tradition der Toskana hat hier ihre Spuren hinterlassen: in dem Prospekt, der von drei Blendbogen gegliedert wird, die das Portal einrahmen, in dem dreibogigen Fenster über dem Portal, in dem abgetreppten Rhombus, der das Giebelfeld verziert; in der klaren Vertikalität der Fas-

Die romanische Kathedrale von Santa Giusta, im 12. Jahrhundert von Baumeistern der Pisaner Schule erbaut, gehört zu den bedeutendsten Denkmälern der Insel.

TIPS & INFOS

*Ausführliche Informationen
finden Sie auf Seite 136*

SANTA GIUSTA

3 Kilometer von Oristano
Einwohner: 3173
Höhe: 10 m ü.d.M.
Postleitzahl: 09096
Vorwahl: 0783

Informationen

Municipio
Via Garibaldi, 1
Tel. 35 82 97

HANDWERK

Töpferei
Pierpaolo Argiolas
Via Canepa
Tel. 35 89 79

*Ein Kapitell und ein Ausschnitt
aus dem Inneren der
Kathedrale von Santa Giusta.*

sade, die durch das in drei Felder unterteilte Giebeldach
noch betont wird; in den von Zwerggalerien miteinander verbundenen Halbsäulen, die die schöne Apsis
schmücken. Der Glockenturm ist dagegen ein Werk des
zwanzigsten Jahrhunderts, das sich aber gut in das Gesamtbild einfügt. Auch das Kircheninnere lohnt einen
kurzen Besuch. Granit- und Marmorsäulen trennen die
drei strengen Kirchenschiffe voneinander; für ihren Bau
wurden Materialien aus der Römerzeit verwendet. Der
Chorraum ist der erste erhöht gebaute in ganz Sardinien; unter ihm befindet sich eine Krypta im lombardi-
schen Stil.

Von Santa Giusta fahren wir am rechten Ufer des gleichnamigen Sees weiter. Im Hintergrund zeichnet sich,
zwischen Meer und Lagune, die Silhouette des Indu-
strieviertels von Oristano ab; links sehen wir den kleinen
Küstensee Pauli Tabentis, wo in bestimmten Jahreszeiten zwischen Tamarisken und Zistrosen größere Fla-
mingokolonien anzutreffen sind. Die Provinciale durchquert das vor kurzem aufgeforstete Gebiet von Cirras
und dann das von Sassu, das heute landwirtschaftlich

genutzt wird, früher aber ebenfalls reines Sumpfgelände
war. Wenn Sie in die Nähe des Sees von S'Ena Arrubia
kommen, achten Sie bitte auf die in faschistischer Zeit
(1934) errichtete Pumpstation zu Ihrer Linken. Vor allem nachts übt die von zwei Leuchttürmen angestrahlte
modernistische Silhouette einen seltsamen Zauber aus:
eine fast unirdische Erscheinung in einer ansonsten
licht- und siedlungslosen Landschaft und somit ein per-
fekter Ausdruck der optimistischen, produktionsför-
dernden Ideologie des Faschismus.

Rechts führen zwischen Pinien und Eukalyptusbäumen zwei schnurgerade asphaltierte Straßen zum Meer. Vergessen Sie nicht, daß wir uns hier im Herzen des Golfs von Oristano befinden, der von Capo San Marco und Capo Frasca wie von einer Zange umfaßt wird; hier kann das Meer einfach nicht so glänzen und sauber sein wie auf der Sinis-Halbinsel! Der nicht sehr überlaufene Strand hat einen sehr feinen Sand und erstreckt sich ohne Unterbrechung von San Giusta bis zur Punta Corru Mannu. Der Eindruck, daß es sich eher um einen Binnensee handelt als um offenes Meer, vermindert seinen Reiz ein wenig. Am Ende der Straße liegt, eingebettet in viel Grün, der 100 000 Quadratmeter große, gut ausgestattete Campingplatz von S'Ena Arrubia, der das ganze Jahr über geöffnet ist. Zu ihm gehört auch eine ziemlich teure, aber gute Pizzeria namens Il fenicottero rosa. Die zweite Straße endet bei der Feriensiedlung Ala Birdi, die Gästezimmer sowie einige Bungalows und kleine Villen vermietet. Das Essen und das übrige Angebot sind nicht übel; gut ist vor allem das Restaurant L'aragosta mit moderaten Preisen. Die Anlage ist wegen ihrer prächtigen Vegetation von Interesse; das Meer liegt sozusagen vor der Haustür; sie verfügt über einen Swimmingpool und einen für sämtliche Sommersportarten geeigneten Strand. Einzigartig ist aber vor allem das Centro Ippico, einer der bedeutendsten Reiterhöfe in ganz Europa.

Dieses ganze Gebiet war bis hinunter nach Arborea in das Mammutunternehmen der Urbarmachung *(Bonifica)* einbezogen, das 1919 gestartet wurde. Damals wurden die Flüsse reguliert und ein Kanalnetz geschaffen; man leitete die Wiederaufforstung der Küstenregion in die Wege und pflanzte dichte Pinienwälder an, um den Sandboden festzuhalten. Siedlern aus dem Veneto, aus der Romagna und aus Sardinien wurde Land zugeteilt. Natürlich waren die Auswirkungen auf die Umwelt gewaltig, aber die Gegend wurde zweifellos nachhaltig saniert. Heute gehört sie zu den fruchtbarsten und grünsten der ganzen Insel, und ihre üppigen Eukalyptusalleen und die schier endlose Aneinanderreihung wohlhabender Bauernhöfe muten fast schon unwirklich an.

Dieses Gefühl steigert sich noch, wenn man nach **Arborea** hineinfährt. Wer würde hier Jugendstilvillen und Häuser im neugotischen Stil erwarten? Der 1928 unter dem Namen Mussolinia gegründete Ort, der erst nach der Befreiung den Namen des früheren Judikats erhielt,

TIPS & INFOS
Ausführliche Informationen finden Sie auf Seite 125

ARBOREA

17 Kilometer von Oristano
Einwohnerzahl: 3390
Höhe: 7 m ü. d. M.
Postleitzahl: 09092
Vorwahl: 0783

Informationen
Municipio
Via Omodeo, 5
Tel. 80 02 23

Museen
Museo Archeologico
Palazzo Comunale
Piazza Maria Ausiliatrice
Öffnungszeiten: 8 bis 14 Uhr

ÜBERNACHTEN

Hotel Ala Birdi
Strada del mare, 24
Tel. 80 10 84-5
Fax 80 10 86

Campeggio S'Ena Arrubia
Strada per il mare, 29
Tel. 80 05 52

ESSEN

L'Aragosta*
Hotel Ala Birdi
Strada del mare, 24
Tel. 80 02 68
Betriebsferien: Januar

EINKAUFEN

Milch, Käse und andere Molkereiprodukte
Latte Arborea
Corso Italia, 7

ist nach demselben Muster angelegt wie alle Siedlungen in den trockengelegten Gebieten: breite, schnurgerade Alleen, überall Grün und ein architektonisch einheitliches Gepräge. Arborea ist also ein unverfälschtes Beispiel für die Bewegung des Rationalismus, das mit der etwas irrealen Grazie seiner architektonischen Struktur allerdings manchmal in die Nähe des Kitsches rückt, weil es in unmittelbarer Nähe von Mittelmeerstränden und Nuraghen Bilder wie aus Grimms Märchen heraufbeschwört. Es lohnt aber in jedem Fall einen Besuch. Zentrum des Ortes ist die mit Blumenbeeten und Parkanlagen verzierte Piazza della Maria Ausiliatrice, die von der neugotischen Pfarrkirche beherrscht wird.

Gegenüber steht der Palazzo Comunale, ebenfalls im Stil des späten Jugendstils mit den für diesen Ort so typischen Anklängen an das Mittelalter. Die hier ausgestellte archäologische Sammlung verdient einen kurzen Besuch (Öffnungszeiten: Montag bis Samstag von 8 bis 14 Uhr). Die Stücke wurden

Die Bucht von S'Ena Arrubia.

im Zuge der Trockenlegungsarbeiten vor allem in der römischen Nekropole von s' Ungroni, nördlich von Arborea, gefunden. Zu den ungefähr 450 Objekten gehört auch ein beachtenswertes Schlauchgefäß *(askòs)* hellenistischer Herkunft, das in Form einer Mädchenbüste modelliert ist.

Auf dem kleinen Platz gegenüber der Piazza Municipale bekommt man die stets frischen Molkereiprodukte der Cooperativa Latte di Arborea. Besonders empfehlenswert ist dort der Pecorino-Käse.

Wir verlassen jetzt dieses grüne Gebiet und fahren landeinwärts, um unsere Route entlang den Hängen des Monte Arci fortzusetzen. Dabei können wir eine plötzliche, faszinierende Veränderung von Vegetation und Landschaft beobachten. Wir folgen den Schildern nach Terralba und biegen auf der Höhe von Tanca Marchese

Die Myrte – würzig und duftend

Der griechischen Mythologie zufolge soll Apollon die Erziehung seines Sohnes Aristaios den Nymphen der Myrte überlassen haben. In jüngerer Zeit nahmen die Auswanderer Myrtenzweige mit auf die Reise als Zeichen dafür, daß sie unter einen Abschnitt ihres Lebens einen Schlußstrich ziehen wollten. Wie allen Symbolen werden auch der Myrte mehrere Bedeutungen zugeschrieben. Sie stand sowohl für den Tod (die *selva mirtea* ist der den ungetreuen Liebenden bestimmte Ort im Jenseits, und ein alter Myrtenbaum stand bei den Gräbern von Phädra und Hippolytos in Trezen) als auch für das Leben: Myrtoessa ist einer der Beinamen Aphrodites, der Göttin der Liebe.

In der Provinz Oristano hat dieser immergrüne Strauch, der nie höher als drei bis vier Meter wird, mit seinen lanzettförmigen, glatten und glänzenden Blättern, seinen weißen Blüten und eßbaren Beeren ein günstiges Habitat gefunden. An der Statale 442 zwischen Morgongiori und Ales haben auf einem begrenzten Raum, der dank der Steilküste der Conca Mraxfcarraui vor dem Mistral geschützt ist, die Überreste eines sehr üppigen Myrtenwaldes überlebt, auf den noch der Ortsname Funtà Muta (Myrtenbrunnen) hinweist. Auf der Giara kann man in der Nähe der Pauli noch eine regelrechte Myrtenlandschaft bewundern.

Die traditionelle sardische Volksmedizin hat sich immer schon die vielen positiven Eigenschaften der Pflanze in Form von Aufgüssen oder Tees aus ihren Früchten beziehungsweise Blättern zunutze gemacht. Blätter und Zweige der Myrte ergeben ungefähr 0,5 Prozent Essenz, aus der man einen Alkohol – das Myrtenol – sowie eine myrtenhaltige Säure gewinnt. Über Destillation erhält man das Myrtol, das balsamische, sedierende und antiseptische Wirkung hat. Der Tanningehalt der Myrte erklärt die adstringierenden Eigenschaften von Rinde und Blättern. Aus Blättern und Blüten wird durch Destillation das sogenannte Engelswasser gewonnen, das als Kosmetikum verwendet wird. Die Samen enthalten 10 bis 15 Prozent Öl, während die Blätter beim Gerben von Fellen Verwendung finden und das harte Holz bei Kunsttischlern beliebt ist. Im Altertum hat man aus den Früchten des Myrtenbaums ein schwarzes Färbemittel hergestellt.

In der Gastronomie wird die Myrte oft als Konservierungs- und Würzmittel verwendet. In der frühesten Zeit diente ein frisch geschnittener Myrtenzweig als Spieß für Bratfleisch; mit den Beeren werden noch heute Spanferkel-, Zicklein- und Lammbraten gewürzt. Einer bewährten Tradition zufolge läßt man das ganze im Ofen oder auf Holzglut gebratene Spanferkel zwischen Myrtenzweigen abkühlen. Übrigens kommt die besondere Technik des »zugedeckten« Bratens, die man hier als Alternative zum Spießbraten kennt, nicht nur der Qualität des Fleisches zugute, sondern auch dem Geschmack: Man füllt ein Erdloch zum Teil mit glühenden Scheiten wohlriechenden Holzes; auf diese legt man eine Schicht Myrtenblätter und dann das Tier darauf; darüber deckt man eine weitere Myrtenschicht, auf die früher noch eine Schicht Erde gestreut wurde. Dann wird ein großes Feuer entzündet.

Zu den Getränken, die im Altertum als verdauungsfördernd galten, gehört der im ganzen Mittelmeerraum verbreitete *Mirtidano* oder *Mirtide*. Schon bei Plinius kann man nachlesen, daß es sich um einen mit Myrtenbeeren gewürzten Wein oder Most handelte. Vielleicht kann der ursardische Myrtenlikör als sein Nachfolger gelten. Aus diesem Likör, Eiern und Milch kann man auch eine sehr leckere Myrtencreme zubereiten.

TIPS & INFOS
Ausführliche Informationen finden Sie auf Seite 130 f.

MARRUBIU

20 Kilometer von Oristano
Einwohnerzahl: 4483
Höhe: 7 m ü. d. M.
Postleitzahl: 09094
Vorwahl: 0783

Informationen
Municipio
Piazza Manzoni, 1
Tel. 85 92 23/85 95 01

EINKAUFEN

Käse
SE.PI.
Formaggi Pecorini
Strada Statale 131, km 76,1

Wurstwaren
Salumificio MA.GI.CA.
Ortsteil Is Bangius
Via Case Sparse, 3

WEINKELLEREI

Cooperativa vitivinicola
Strada Statale 126,
km 117,450
Tel. 85 92 13

nach **Marrubiu** ab, einem Ort mit einer schönen Pfarrkirche aus dem 17. Jahrhundert und einem interessanten Triumphbogen aus behauenem Stein. Dann begeben wir uns auf die Statale 131, die alte Carlo Felice, die berühmte Längsachse der Insel.

Bevor man die Hänge des Monte Arci hinauffährt, sollte man bei **Uras**, genauer gesagt bei Sa Domu Beccia, unbedingt eine Rast einlegen. Das ist eine Nuraghe mit einem dreieckigen Hauptbau und drei Türmen an den Ecken, die durch drei gerade Zwischenwälle und einen aufgestockten Hauptturm miteinander verbunden sind. Der ganze Komplex ist von dicken Steinmauern umgeben. Er erinnert an die berühmte Nuraghe Sant'Antine von Torralba (nicht mit Terralba zu verwechseln!), eine der interessantesten der ganzen Insel.

An der Abzweigung bei Ponte Cracàxia (62 Kilometer von Cagliari und 32,4 Kilometer von Oristano entfernt) verlassen wir die Carlo Felice und nehmen die Straße nach Mógoro; wir befinden uns jetzt bereits im Gebiet der Alta Marmilla. Die Vielfalt dieser Landschaft ist in Sardinien vielleicht einmalig: Hier gibt es eine Reihe von sanften Hügelketten; ebenso eindrucksvoll ist die ununterbrochene Abfolge von grüner Macchia, satten Wiesen und wildwachsender Vegetation. Die Gegend wird beherrscht von dem alles überragenden Massiv des Monte Arci mit seinen Wäldern und im Hintergrund von der sich klar abzeichnenden kegelstumpfförmigen Silhouette der Giara di Gésturi. Die Straße verbindet die kleinen Dörfer am Osthang des Monte Arci miteinander und schlängelt sich über lange Kilometer durch eine überwältigende Natur, die von Stille und Menschenleere geprägt ist. Bevor wir in Mógoro eintreffen, sehen wir das imposante Gebäude der – nachmittags geschlossenen – Winzergenossenschaft Il Nuraghe, einer der wichtigsten und aktivsten der ganzen Insel, auf die wir Sie wegen der hohen Qualität ihrer Produkte aufmerksam machen wollen (beachtenswert ist vor allem der aus verschiedenen einheimischen Rebsorten verschnittene Weiße Gregorius, der seinen Namen dem legendären mittelalterlichen Mönch gleichen Namens verdankt, von dem es heißt, daß er bettelnd von Dorf zu Dorf gezogen sei und dabei den Bauern die Grundlagen der Agrarwissenschaft beigebracht habe). Auf ihr Konto geht auch die Wiedereinführung des Semidano, einer Rebsorte, die bereits im Aussterben begriffen war und aus der die Genossenschaft heute einen nicht allzu teuren Weißwein mit vollem Bukett herstellt.

Das Dorf **Mógoro,** dessen Einwohner hauptsächlich von Weinbau und Viehzucht leben, lohnt aus verschiedenen Gründen eine Rast. Vor allem sollten wir uns Zeit nehmen für die Besichtigung der schönen Chiesa del Carmine, deren einschiffiges Innere im 16. Jahrhundert ausgestaltet wurde, während Fassade und Apsis noch aus spätromanischer Zeit stammen. Nicht zu übersehen sind aber auch die Spuren der Gotik (die kleinen Arkadengänge und der Spitzbogen, der das Seitenportal einrahmt). Interessant an Mógoro sind die dunklen Häuser, die aus dem lokalen Basaltstein erbaut wurden und die dem Ort ein strenges, archaisches Aussehen verleihen.

Touristen, die mit Sinn und Verstand reisen, empfiehlt sich Mógoro aber in erster Linie wegen der großen Tradition seines heute noch blühenden Handwerks, das Holz, Kork und Schmiedeeisen, vor allem aber Textilien verarbeitet. Die Tatsache, daß das Istituto Sardo Organizzazione Lavoro Artigiano (ISOLA) hier seinen Hauptsitz hat, hat zu einer weiteren Konsolidierung der sehr regen Tätigkeit der Genossenschaften beigetragen, von denen die Cooperativa Su Trobasciu besondere Erwähnung verdient.

Vom 27. Juli bis zum 11. August wird in Mógoro die bedeutendste Ausstellung sardischer Teppiche abgehalten. Firmen, die sich daran beteiligen möchten, müssen ihre Produkte einer Fachjury vorlegen.

TIPS & INFOS
Ausführliche Informationen finden Sie auf Seite 131

MÓGORO

35 Kilometer von Oristano
Einwohner: 5013
Höhe: 132 m ü.d.M.
Postleitzahl: 09095
Vorwahl: 0783

Informationen
Municipio
Via Leopardi, 8
Tel. 99 01 43

HANDWERK

ISOLA
Via Gramsci, 1
Tel. 99 05 81

WEINKELLEREI

Cantina Sociale Il Nuraghe
Strada Statale 131,
Abzweigung
Tel. 99 02 85/99 04 96

Der Cooperativa Su Trobasciu in Mógoro, die dem Istituto Sardo Organizzazione Lavoro Artigiano angegliedert ist, gehören 14 aktive Weberinnen an, die auf Handwebstühlen Teppiche, Wandteppiche, Bettdecken, Vorhänge, Handtücher und Kissenbezüge aus hundertprozentig naturreinen Materialien (Wolle, Baumwolle, Leinen) herstellen. Es handelt sich um Gegenstände von beträchtlicher Qualität, die, nach Originalvorlagen und nach traditionellen Mustern, mit den a pibiones *und* a bagas *genannten Webtechniken angefertigt werden. In Mógoro kann man die ständige Ausstellung ihrer Produkte besuchen und dort auch einkaufen.*

Zwei Beispiele für schlichte Volkskunst: der behauene Giebel der Pfarrkirche San Sebastiano in Masullas und ein eisernes Türschloß an einem alten Portal.

Zwei Kilometer hinter Mógoro erreichen wir **Masullas**, einen kleinen Ort mit einigen interessanten Gebäuden. Da ist zum einen die Pfarrkirche San Sebastiano, deren aus dem 16. Jahrhundert stammende Fassade deutliche Spuren mehrerer Umgestaltungen aufweist; dies läßt sich vor allem an dem mit etwas naiv anmutenden Ornamenten verzierten Torgiebel feststellen, deren merkwürdige Vermischung von Stilen und Materialien jedoch nicht ohne Reiz ist. Zum anderen die sehr kleine romanische, aber doch rustikal wirkende Kirche San Leonardo, die Kirche San Francesco im höhergelegenen Teil des Dorfes und das benachbarte imposante Kapuzinerkloster aus dem 18. Jahrhundert, das nach seiner Restaurierung als Kulturzentrum genutzt werden soll.

Wir verlassen Masullas und fahren in das Bauerndorf **Gonnostramatza**. Während der Fahrt achten wir auf den Felsen, der über die Straße ragt. Kurz vor dem Dorf können wir eine wunderschöne Basaltrose sehen, einen der letzten Ausläufer des alten Lavastroms in der seltsamen Gestalt einer Blüte oder Eisblume. Es lohnt sich, in Gonnostramatza haltzumachen und in der Pfarrkirche San Michele Arcangelo den schönen Flügelaltar zu bewundern – das einzige datierte (1501) und signierte Werk des aus Cagliari stammenden Malers Lorenzo Cavaro.

Jetzt müssen wir auf derselben Straße bis zu der nach Masullas führenden Abzweigung zurückfahren, die wir links liegen lassen, um nach **Gonnoscodina** zu gelangen.

In diesem Dorf ist die zwischen 1825 und 1831 erbaute Kirche San Daniele bemerkenswert. Der in fast klassizistischem Stil gehaltene Zentralbau in Form eines griechischen Kreuzes zeichnet sich durch die Klarheit seiner Linien, sein harmonisches Gleichgewicht und seine formale Einfachheit aus. Der Gesamteindruck ist dem elementaren Charakter der Bautechniken und der raffinierten Verwendung einiger architektonischer Elemente aus Stein – Konsolen, Stufen, Rahmen und Schlußsteine – zu verdanken. Dieselbe formale Strenge weist die Kanzel auf, die 1936 fertiggestellt und der Kirche im darauffolgenden Jahr übergeben wurde. Die Kirche San Daniele ist nicht immer geöffnet. Sollte sie geschlossen sein, kann man sich an den Pfarrer wenden (Parrocchia di San Sebastiano, Via Vittorio Emanuele 11, Tel. 07 83/9 20 05).

Dann kommen wir nach **Simala**, ein Dorf, in dem man vor allem die vielen – wohl über fünfzig – Türen bewundern kann, die die alten Bauernhäuser des Ortes schmücken.

Schließlich erreichen wir **Ales**, den Hauptort der Marmilla und im Mittelalter Bischofssitz und Diözesanhauptstadt. Auf die Spuren vergangener Pracht stoßen wir, wenn wir den großen terrassenartigen Platz betre-

ten, um den die wichtigsten Gebäude des Städtchens herumgruppiert sind: das bischöfliche Palais, das Seminar, die Kapelle der Madonna del Rosario und vor allem die nach dem heiligen Petrus benannte Kathedrale. Der eindrucksvolle Barockbau mit den kleinen Keramikkuppeln und der krummlinigen Vorderseite, dessen Hauptkuppel und Glockentürme den gesamten Kom-

Cuibi mannu, *ein aus Stein und Zweigen gebauter Unterstand für Tiere in der gebirgigen Umgebung von Morgongiori.*

plex überragen, wurde zwischen 1638 und 1688 nach dem Entwurf des Genuesers Domenico Spotorno am Standort der früheren Kirche errichtet, die durch den Einsturz des alten Campanile zerstört worden war. Der Innenraum ist reich mit Marmor- und Holzgegenständen ausgestattet. Besondere Aufmerksamkeit verdient der in der zweiten Hälfte des 17. Jahrhunderts von Ambrogio Zinquina aus geschnitztem Nußbaumholz gestaltete Chorraum. In der mit wunderschönem Holzmobiliar versehenen Sakristei der Chorherren kann man ein aus dem 14. Jahrhundert stammendes Kruzifix aus bemaltem Holz bewundern, während im Kapitulararchiv die Goldschmiedearbeiten des Domschatzes auf-

bewahrt werden; um diese einmal angemessen ausstellen zu können, ist an die Einrichtung eines speziellen Dommuseums gedacht. Bemerkenswert sind das silberne Antependium, die mit Figuren ausgestalteten Amphoren, der spanische Teller aus dem 17. Jahrhundert und der überaus reich gestaltete Kelch in einer Stilmischung aus Gotik und Renaissance, der im 16. Jahrhundert in einer Werkstatt in Cagliari

Ein Bauer pflügt mit einem Ochsengespann in Zeppara, in der Nähe von Ales.

angefertigt wurde. Einige dieser Schätze wurden der Kathedrale wohl von der Gräfin Violante Il Carroz, der Herrin von Barumele, gestiftet, einer schillernden Figur, die einst des Mordes am Pfarrer von Barumele bezichtigt, später aber freigesprochen wurde – eine obskure Episode, um die sich verschiedene Legenden ranken.

Wir verlassen den Platz und gehen durch die Via Umberto, die Hauptstraße des Ortes, wo wir, fast am Ende der Straße, bei der Nummer 16, auf das Geburtshaus von Antonio Gramsci stoßen, Mitbegründer, Vordenker und Führer der Kommunistischen Partei Italiens, an den eine Marmortafel erinnert. Nach dem berühmtesten Sohn der Stadt benannt ist auch der kleine Platz, auf den wir gelangen, wenn wir Ales in Richtung Morgongioro verlassen. Er wurde 1977 von Giò Pomodoro entworfen und gestaltet, der auch das auf diesem Platz aufgestellte Denkmal schuf. Es handelt sich um ein überzeugendes Beispiel für eine moderne Stadtgestaltung, weil sich hier Rationalität, Kunst und Ornament klug die Waage halten.

Wir fahren nun mit dem Auto auf der Statale 442 in Richtung Escovedu weiter und biegen nach links, in Richtung Pau, ab. Hier sehen wir genau an der Stelle, wo die bewohnte Ortschaft endet, ein altes, völlig intaktes sardisches Bauernhaus. Bemerkenswert die Monolithen aus grünem Trachyt, die den Bogengang *(lolla)* im Innenhof tragen, deutlich sichtbar auch die unterschiedlichen Bautechniken: Im unteren Stockwerk wurde mit Stein, im oberen mit Rohziegeln gebaut. Leider ist der Hof bisher nicht fachgerecht restauriert.

In **Pau** sehen wir im oberen Teil des Dorfes einige schöne Steinhäuser, die der allgemeinen Betonierungswut trotzen. Von dort nehmen wir die asphaltierte Aussichtsstraße, die zum Gipfel des Berges hinaufführt: Hier finden wir den kleinen, sehr reizvoll gelegenen Campingplatz von Sennisceddu, einen der ganz wenigen sardischen Campingplätze, die in den Bergen liegen. Er wird von derselben Kooperative betrieben wie der von Nurapolis, und das dazugehörende Bar-Ristorante, wenige Meter vom Eingang, hat eine empfehlenswerte Küche zu bieten. Der Campeggio verfügt über fünf praktisch eingerichtete Bungalows (mit Badezimmer, Dusche und eine für vier Personen ausgelegte Küche), einige bereits aufgeschlagene und eingerichtete Zelte sowie über Zeltplätze und Stellplätze für Wohnwagen. Leuten, die die heißen Verlockungen des Strandes kaltlassen, garantiert das Ganze einen geruhsamen Aufenthalt im Grünen und in gesunder Bergluft. Wer sich für Vollpension entscheiden will, kann einen vernünftigen Preis aushandeln. Der von der Kommune ausgewählte

TIPS & INFOS
Ausführliche Informationen finden Sie auf Seite 134

PAU

43 Kilometer von Oristano
Einwohnerzahl: 518
Höhe: 315 m ü. d. M.
Postleitzahl: 09090
Vorwahl: 0783

Informationen
Municipio
Piazza San Giorgio, 9
Tel. 93 90 02

ÜBERNACHTEN

Campeggio Sennisceddu
Ortsteil Sennisceddu
Tel. 93 92 81
Fax 5 22 55

Handgriffe, die seit Jahrhunderten eingeübt sind: Ein Spanferkel wird gebraten, ein Schaf geschoren, und Pferdebohnen werden zum Kochen vorbereitet.

Das Geheimnis des guten Torrone

Mit einem schönen *craddaxiu,* einem Kupferkessel aus der Werkstatt eines Kupferschmieds aus Isili, der für sein Werk im Jahre 1923 stolze 25 Lire erhielt, begann für die Familie Atzori aus Ales der Fortschritt. Das Fassungsvermögen des Kessels – 16 Kilogramm Torrone – und die Qualität des Kupfers ermöglichten es den Atzoris, die damals bereits über eine fünfzigjährige Erfahrung in der Herstellung von Torrone verfügten, die wachsende Nachfrage zu befriedigen. Erst in den sechziger Jahren erstanden sie eine langsam arbeitende Torronemaschine, ebenfalls aus Kupfer.

Der berufliche Werdegang unseres Torroneherstellers aus Ales ist einmalig: Mit seiner Nebentätigkeit im Familienbetrieb ergänzte Fiorenzo jahrelang sein Einkommen als Maurer. Sobald er von seiner Arbeit nach Hause kam, investierte er weitere sieben bis acht Stunden, um, mit Hilfe zweier Handlanger, die ganze Nacht eine Mischung aus Eiweiß, Mandeln und Honig zu rühren. Die Männer waren zwar an harte Arbeit gewöhnt, doch auch der Stärkste konnte das Gemisch, das beim Kochen allmählich immer härter wurde, nicht länger als eine Viertelstunde umrühren, und wenn es halb gar war, mußte man zu zweit arbeiten.

Das Handwerkszeug des Torroneherstellers bestand aus einem Rührlöffel aus Tannen- oder Kiefernholz *(moriga del linna),* einem 70 Zentimeter langen und 20 Zentimeter breiten Stab aus Kastanienholz, der fest in der Wand verankert und am Ende mit einer kleinen Öffnung versehen war. Durch dieses Loch wurde der Rührlöffel senkrecht durchgesteckt, und zwar so, daß er genau in die Mitte des Kessels eintauchte, der seinerseits in einen Herd eingebaut war. Dieser bestand aus einem Käfig aus Ziegeln und wurde mit Holz be-

feuert. Ferner benutzte der Torronehersteller verschiedene Holzspachteln, um den Torrone in die Formen zu füllen. Wer nicht gerade mit dem Rühren an der Reihe war, kümmerte sich um das Feuer, das gleichmäßig brennen mußte, damit die Mischung sich nicht verfärbte. Auch die Bewegung des Rührlöffels mußte ganz exakt ausgeführt werden: In den ersten eineinhalb Stunden mußte man rasch, und zwar im Uhrzeigersinn, rühren; sobald die Mischung aufkochte, mußte man regelmäßig die Richtung ändern. Bei der Auswahl des Holzes bevorzugte der Torronehersteller wegen der hohen Wärmezufuhr zwei typische Sträucher aus dem Monte-Arci-Gebiet: Erika und Erdbeerbaum.

Besondere Sorgfalt erforderte die Suche nach der wichtigsten Zutat, dem Honig. Es handelte sich im allgemeinen um einen *Millefiori*-Berghonig, der traditionell zum Johannistag geschleudert wurde und der sich in unterschiedlichen Mengen aus verschiedenen Honigarten, in erster Linie aber aus Mandel-, Affodill-, Süßklee- und Distelblütenhonig zusammensetzte. Sehr arbeitsintensiv war vor allem die Vorbereitung der Mandeln. Der Reihe nach wurden die Schalen einzeln aufgebrochen und entfernt, dann wurden die Mandeln in heißes Wasser geworfen, damit sie leichter von Hand gepellt werden konnten. Schließlich wurden sie in geräumigen Darren an der Sonne getrocknet und im holzgefeuerten Herd angeröstet. Die Eier wurden von Haus zu Haus eingesammelt. Da es damals noch keine Geflügelfarmen gab, war auch diese Prozedur ziemlich zeitaufwendig.

Für Fiorenzo Atzori gilt heute wie früher der Grundsatz: »Das Geheimnis eines guten Torrone besteht aus Honig, Mandeln, 1-A-Eier und dem ständigen Rühren der Mischung.«

Standort des Campingplatzes war allerdings sehr umstritten: Tatsächlich war diese Gegend buchstäblich mit Obsidian bedeckt, und die wichtigste Werkstatt stand genau an der Stelle des heutigen Campingplatzes. Man braucht sich nur ein wenig auf den verschiedenen Pfaden der Umgebung zu bewegen und wird überall die glänzenden Splitter des schwarzen vulkanischen Gesteinsglases finden.

Üppig wuchernde Vegetation und sauberes Wasser: Wir befinden uns auf der Hochebene der Giara.

Unterhalb des Campingplatzes, im Pinienwald von Giuanni Corrias, befindet sich eine Andachtsstätte mit einer Statue der Madonna Nera d'Oropa, die die Gläubigen zum Zeichen ihres Glaubens und ihrer Dankbarkeit mit großen schwarzen Glassplittern ausschmücken. Von Pau gelangen wir, wenn wir die Hauptstraße weiterfahren, nach **Villa Verde**, das seinen Namen der vorherrschenden Farbe der Wälder verdankt, die den Berg überziehen. 1983 ist dieses große Gebiet mit seinem jahrhundertealten Baumbestand, einem reinen Stein- und Flaumeichenwald, von einem Brand im wahrsten Sinne des Wortes verwüstet worden. Von dem ganzen Wald sind nur noch wenige Reste übriggeblieben; eine Steineichen-Neuanpflanzung findet sich bei der mit Laufgraben, Beleuchtung und Pflasterung versehenen Nuraghenanlage von Mitza Mraxiani, die einen Besuch lohnt. Der Weg an den faszinierenden Überresten des Dorfes vorbei bis zum Gipfel des Hügels ist bequem. Oben befinden sich die Ruinen einer eindrucksvollen Mehrpaßnuraghe, die aber erst noch restauriert werden muß. Hier herrscht eine angenehme Frische, belebt vom

Obsidian am Monte Arci.

Rauschen eines Bächleins, das sich durch diesen kleinen Archäologie-Park schlängelt. Allerdings erwecken Bänke und Stege sowie der kleine Platz, dessen Bauten noch gar nicht genutzt werden, den Eindruck des Künstlichen und Provisorischen.

Wir verlassen Villa Verde und erreichen über eine oleandergesäumte Straße **Usellus**, ein kleines Bauerndorf, das einen schönen Ausblick auf die Giara di Gésturi, auf den Monte Arci und den Monte Grighini bietet. Es handelt sich um eine alte Römersiedlung *(Uselis)* an den Hängen des Hügels von Donigala, wo heute die Kirche Santa Reparata steht und wo man noch auf die Fundamente alter römischer Gebäude stößt. Die aus dem 17. Jahrhundert stammende Kirche verdient eher einen Besuch als das Dorf selbst: vor allem das Äußere mit der schönen zinnengekrönten Fassade, die kleine Glockenmauer und an den Seiten die Überreste der typischen *lollas,* einer Art Laubengänge, wo früher Markt abgehalten wurde. Am Ausgang des Dorfes kann man, wenn man der Ausschilderung folgt, bis zum Kiesbett des Flusses hinuntergehen und die kleine römische einbögige Brücke bewundern, die jetzt nur noch von Fußgängern benutzt werden darf; sie liegt mitten im Grünen und wird von einer großen Eiche überschattet.

Überbleibsel aus römischer Zeit in der Nähe von Usellus: eine Brücke und ein Kapitell.

Auf dem Rückweg kommen wir wieder zur Kreuzung von Escovedu, folgen diesmal aber dem Hinweisschild, das nach Senis beziehungsweise Laconi zeigt, und biegen bei einem Ziegelgebäude ab. Wir fahren bereits am nördlichen Rand der Giara entlang, der ausgefranster und grüner ist als der südliche. Auf der Höhe von **Assolo** – einem kleinen Bauerndorf (bemerkenswert das alte Herrenhaus der Schwestern Serra), das man erreicht, wenn man von der Statale herunterfährt – führt eine steile asphaltierte Straße an Stein- und Flaumeichenwäldern vorbei hinauf zum Gipfel der Giara.

Wir aber fahren weiter bis zur Abzweigung nach Asuni, wo wir abbiegen; unterwegs können wir die Überreste einer Nuraghe bewundern und daneben das schöne,

Aufstieg auf die Hochebene der Giara

Diese Wanderung auf einer Höhe von ungefähr 200 Metern, die Naturliebhabern sehr viel zu bieten hat, verlangt Trittsicherheit und Orientierungsvermögen. Besonders der letzte Abschnitt ist anspruchsvoll. Ausgangspunkt ist das kleine, wenige Kilometer von Ales entfernte Dorf Albagiara. Wer von Villa Verde kommt, fährt nicht nach Laconi weiter, sondern schlägt die Richtung Gonnosnò ein. Nach dem Hinweisschild auf dieses Dorf biegt man gleich in die erste Straße links ein. Normalerweise ist Giara ausgeschildert. Nach 150 Metern sehen wir noch ein Schild, das uns auf eine Rechtskurve hinweist, und nach 200 Metern folgt eine Warnung vor einer Linkskurve. Die Straße ist hier nicht mehr asphaltiert, aber der Unterboden ist gut. Nach weiteren 200 Metern kommen wir zu einer Weggabelung, in deren Winkel eine Trafostation der ENEL (Nationale Elektrizitätsgesellschaft) steht. Die Straße vor uns ist jetzt wieder asphaltiert, doch wir biegen in die Piste rechts ein. Achtung, an dieser Stelle gibt es kein Hinweisschild in Richtung Giara! Wir fahren bei der Kreuzung geradeaus bis zu einer erneuten Abzweigung. Hier stellen wir unser Fahrzeug – Auto, Motorrad oder Fahrrad – ab. Möglicherweise stoßen wir vor dieser Abzweigung auf eine Drahtnetztür, die jedoch leicht zu öffnen ist. Wir sollten aber nicht vergessen, sie wieder zu schließen.

Jetzt geht es zu Fuß weiter. Wir wenden uns zuerst nach links und gehen auf einem angenehmen Pfad an einem kleinen Steinhaus entlang bis zu einer kleinen Lichtung. Vor uns Steineichen und Büsche. Zu unserer Rechten können wir unschwer kleine Stufen aus Basaltgestein erkennen, die den Beginn eines Weges markieren. In dem Wald mit seiner hohen, üppig wuchernden Vegetation und den tanzenden Lichtreflexen der glänzenden Blätter müssen wir uns immer wieder vor Augen halten, daß dies der traurige Rest des ursprünglich riesigen Steineichenwaldes ist, mit dem einst die Hänge und die Hochebene der Giara vollständig bedeckt waren. Der Pfad schlängelt sich durch den dichten Wald; die steileren Streckenabschnitte sind in großen Basaltstufen angelegt, die dem Wanderer den Aufstieg erleichtern. Wenn unser Pfad einen anderen, breiteren Weg kreuzt, wenden wir uns nach links und klettern auf der Fortsetzung des Pfades, auf dem wir gekommen sind, weiter. Der Weg ist nun ziemlich steil und verlangt Trittsicherheit, aber eine Stufe hier und da hilft uns

Ausgangs- und Zielort:
ALBAGIARA

Voraussichtliche Dauer des Ausflugs:

 2 ¹/₂ STD.

weiter. Wenn wir einen kleinen Platz, also eine Verbreiterung
des Weges, erreichen, wo das Holz verbrannt wird, das
während der periodischen Säuberungsaktionen im Wald gesammelt wird, müssen wir aufpassen, daß wir zu unserer Linken die Fortsetzung des Pfades finden. Nun ist er noch
schmaler als vorher und kaum noch erkennbar. Nach wenigen Schritten geht es nach rechts, auf einen anderen Pfad, der
etwas breiter und leichter zu erkennen ist. Links unten sehen
wir das Bett eines Wasserlaufs, und rechts tauchen die Wände
des basaltischen Hochplateaus der Giara auf. Ein Stück weit
folgt der Pfad dem Lauf des Bächleins, dann steigt er wieder
nach rechts an und entfernt sich von ihm. Wir stoßen dann
auf einen sehr breiten Weg, der wahrscheinlich auch als
Brandschneise dient. Wir müssen uns rechts halten, weil die
andere Seite in einem Brombeerdickicht endet. Nach einem
Anstieg von etwa fünfzig Metern kommen wir an eine Stelle,
wo die Vegetation sich ein wenig lichtet. Hier können wir eine
Rast einlegen, um die Landschaft zu bewundern, und mit
Hilfe einer Karte die vor uns liegenden Dörfer identifizieren.
Dann beginnen wir mit dem Abstieg, müssen aber nach wenigen Metern darauf achten, daß wir den linken Pfad einschlagen, der wieder anzusteigen beginnt. Auch dieser Weg ist
durch einige Steinstufen gesichert. Leider sind sie teilweise
vom Macchia überwuchert; zudem hat das Regenwasser die
Erde ausgewaschen und die Stufen ein wenig gelockert. Man

sollte also zuerst testen, ob man genügend Halt hat, bevor man sein ganzes Körpergewicht darauf stützt. Der Anstieg ist steil, und die in der prallen Sonne liegende Trasse windet sich mit unzähligen Serpentinen zwischen der niederwüchsigen Vegetation aus Erdbeerbäumen, Zistrosen, Mastixsträuchern und jungen Steineichenpflanzen hindurch. Vor uns liegt die Abbruchkante des Hochplateaus. Wenn wir zu einer ausgedehnten Lichtung kommen (Vorsicht! An der Stelle, wo der Pfad in diese Lichtung einmündet, befindet sich ein circa 50 Zentimeter tiefer Graben), ignorieren wir die Straße links und gehen zu der Ecke links vor uns, auf die Steineichen zu, unter denen wir einen Pfad eher ahnen als erkennen. Dieser Weg verschwindet auch fast sofort wieder, um gewaltigen Basaltblöcken Platz zu machen, die sicherlich einmal vor vielen Jahren von der Hochebene herabgestürzt sind.

An dieser Stelle beginnt nun der schwierigste Teil der Strecke, und wer den Gipfel erreichen will, muß schon die Hände zu Hilfe nehmen. Es handelt sich nur um etwa hundert Meter, aber die sind wirklich steil. Sobald wir auf dem Hochplateau angelangt sind, sehen wir vor uns eine geordnete Ansammlung von Steinen, die geradezu an eine Pflasterung erinnert; darauf erheben sich Reste von Häusern, von denen man noch nicht weiß, ob sie aus der Zeit der Nuraghen oder aus einer anderen Epoche stammen. Dieses Gebiet heißt Corona Arrubia. Hier kann man entscheiden, ob man noch etwas weiter ins Innere der Giara vorstoßen möchte, die an dieser Stelle vollkommen baumlos ist und an eine große Savanne erinnert. Wenn man durch das Gebüsch weitergeht, gelangt man nach ein paar hundert Metern zu einem Gebäude, genauer gesagt zu einem nicht mehr genutzten Verteiler der Wasserleitung: Von der Höhe dieses Gebäudes genießt man eine wunderschöne Aussicht auf die Marmilla und den Monte Arci, wobei auch Trebina Lada, Trebina Longa und die Sendemasten der RAI gut sichtbar sind. Wenn wir dagegen dem Monte Arci den Rücken zukehren, haben wir den einzigen Hügel dieser ansonsten vollkommen flachen Ebene vor uns: sa Zeppara Manna – mit seinen 580 Metern einer der beiden höchsten Punkte der Giara. Wir kehren auf demselben Weg zurück bis zur großen Lichtung. Hier kann man entscheiden, ob man den ganzen Weg zurückgehen oder ob man nach links abbiegen und weitergehen möchte, bis man eine breite Brandschneise erreicht. Bei dieser Schneise biegt man dann nach rechts ab und geht hinunter bis zu dem Steinhäuschen, dem wir schon zu Beginn unserer Fußwanderung begegnet sind.

Auf der Hochebene der Giara leben noch ein paar hundert der berühmten wilden Fohlen – Abkömmlinge einer schon von den Phöniziern oder Karthagern nach Sardinien eingeführten Rasse. Hier sieht man ein Rudel im Stagno di Pauli Maiori in der Giara di Gésturi.

kleine, aus dem 13. Jahrhundert stammende Dorf-kirchlein Santa Lucia, das 1920–22 neugebaut wurde, wobei für den Bau der drei Schiffe und der Steinbogen altes Material wiederverwendet wurde. An ausgedehnten Getreidefeldern entlang fahren wir bis zur Abzweigung nach Sant'Antonio Ruinas, dem heutigen **Villa Sant'Antonio.**

Gleich nach Verlassen der Ortschaft finden wir in Genna Salixi den großartigen, von einem Mäuerchen umgebenen Komplex einer *Domus de janas* (es handelt sich um die bedeutendste der fünfunddreißig, die in dieser Gegend gezählt wurden). Wenn wir die Einfriedung hinter uns lassen, gelangen wir zu den *lunari* – rundlichen schwarzen Felsen, unter denen die *forrus* (»Öfen«) ausgehöhlt sind –, so werden hier die pränuraghischen Gräber genannt. Die Atmosphäre ist sehr beeindruckend, weil man hier wirklich die Luft längst vergangener Zeiten atmet.

Kurz danach biegen wir nach Mogorella ab, um bereits auf der ersten Ausweichstelle links anzuhalten und mit einem Fernglas einen etwa sechs Meter hohen Menhir, einen der höchsten Sardiniens, zu betrachten. Man kann ihn auch aus der Nähe sehen, und zwar vom Hügel Monti Corru Tundu aus. Dazu muß man auf die erste Piste einbiegen, die man von der Straße aus sieht (besser jedoch sollte man Ortskundige fragen), und bis zu einer großen Tränke fahren: Zu Fuß geht man auf der leicht erkennbaren steingepflasterten Straße weiter und dann durch die Felder, bis man praktisch vor ihm steht.

Mit dem Auto kehren wir jetzt um und nehmen weiter die Straße nach Ruinas. Sobald wir die Abzweigung hinter uns gelassen haben, die uns zum Menhir geführt hat, sehen wir am Straßenrand die Protonuraghe von Friarosu mit ihrer charakteristischen ellipsenähnlichen Gestalt.

Von Ruinas, aus dessen Boden man Trachyt gewinnt, das selbst aber bis auf das byzantinische Kirchlein San Teodoro ohne besonderes Interesse ist, fahren wir, ungefähr drei Kilometer nach dem Ortsausgang, weiter nach **Samugheo.** Von hier können diejenigen, die interessiert sind, nach Asuni fahren, um zu Fuß zum Castello di Medusa zu gehen (siehe S. 91). Ansonsten kann man in Samugheo, einem Bauern- und Schäferdorf des Mandrolisai, das auf das Tal des Rio Mannu blickt, eine Rast einlegen. Hier gibt es keine Bauwerke von besonderem künstlerischem Interesse (man sollte allerdings einen Blick auf die Pfarrkirche San Sebastiano und das Feldkirchlein San Basilio mit seinem Campanile werfen. Wichtig ist hier die Tradition der Weberei, und wer will, kann sich mit schönen Textilien eindecken. In den Monaten August und September findet in Samugheo alljährlich eine große Handwerksschau des Mandrolisai statt. Erwähnenswert ist auch, daß während des Karnevals in Samugheo *sos samutzones* durch die Straße ziehen – unheimliche, auf uralte Traditionen zurückgehende Gestalten, die ihre Gesichter hinter Korkmasken ver-

TIPS & INFOS
Ausführliche Informationen finden Sie auf Seite 135

SAMUGHEO

48 Kilometer von Oristano
Einwohner: 3752
Höhe: 370 m ü. d. M.
Postleitzahl: 09086
Vorwahl: 0783

Informationen
Municipio
Piazza Sedda, 5
Tel. 6 40 23

EINKAUFEN

Mehl
Giovanni Sulis
Via Sassari, 8

HANDWERK

Knetmaschinenhersteller
Antonio Manca
Via Kennedy, 157
Tel. 6 40 97

Textilien
Unsere Adreßempfehlungen finden Sie auf Seite 135

Ein Reiher »bewacht« eine Schafherde.

*Trotz des systematischen Zer-
störungswerks des Menschen
gehört die Steineiche immer
noch zu den am weitesten verbreiteten Eichenarten im Oristanese. Die folgenreichsten
Verluste begannen um 1860
mit der Intensivierung des
Bergbaus, dem die Steineichenwälder am Monte Arci, Montiferru und auf der Giara einen
schweren Tribut zahlen mußten. In Sant'Anna und in anderen Gegenden kam es zum
größten Aderlaß in der Zeit des
Faschismus, als sich die Verbreitung des Eukalyptusbaums
als schädlich erwies. Im Monti-
ferru-Gebiet finden wir die
großen Steineichenwälder von
Séneghe und Cuglieri und Zip-
felchen eines Steineichenwaldes,
allerdings gemischt mit Stecheiche und Weißdorn, in der
Nähe des Refugialgebiets der
Madonnina beziehungsweise
im Staatsforst von Santu
Lussurgiu. Reste eines Misch-
waldes aus Steineichen und
Olivenbäumen existieren in
den Niederungen der Gegend
von Ruinas und auf den feuch-
ten Hängen des Riu Mógoro,
wo sogar einige Exemplare der
seltenen Kermeseiche gedeihen.
Zu den intaktesten Wäldern
der Insel gehören im Monte-
Arci-Gebiet die Steineichenwälder der Trebine und der
Wald von Acquafrida sowie der
von Is Cantareddus; letzterer
ist mit monumentalen Stecheichen gemischt. Relativ unver-
sehrt sind auch die Wälder von
Fustiobau in Pau, von Mitza
sa Figu in Palmas Arborea, von
Utturu su Cadru in Villa-
urbana, von S'Arangiu Aresti
und vom Monte Cresia, wo die
einzigen Wacholder des Monte
Arci wachsen. Auf der Giara
sind die Steineichen insbesondere auf dem Nordhang vertreten – von Cabirada bei Assolo
bis Gonnosnò und bis zu den
monumentalen Uraltexempla-
ren von Crachera a Sini.*

stecken und ihre Körper mit Ziegen- und Schafsfellen bedecken. Empfehlenswert ist der Pecorino aus der lokalen Käserei; recht gut ist auch der Wein der hiesigen Winzergenossenschaft.

Jetzt machen wir uns auf die 15 Kilometer Weg nach **Busachi.** Ungefähr vier Kilometer vor dem hübschen Dorf lohnt sich ein Abstecher zur Feldkirche Santa Susanna. Die ziemlich holprige Straße, die sich zwischen den durch hohe Hecken voneinander getrennten Gehöften hindurchwindet, führt uns zum Standort der aus dem 16. Jahrhundert stammenden Kirche mit einer breiten Vorhalle aus rotem Trachyt. Im Inneren sieht man einen im 19. Jahrhundert vollendeten Zyklus mit volkstümlichen Fresken, die das Leben der heiligen Susanna darstellen; sie sind von geradezu herzerfrischender Naivität. Am 11. August wird die Heilige mit einer eindrucksvollen, über die Felder führenden Prozession

Von Gräbern und Grotten

Die *Domus de janas* (»Hexenhäuser«) – oder die bekannteste Art der unterirdischen Bestattung in Sardinien, die in der Jungsteinzeit (3500–2700 v. Chr.) ihre weiteste Verbreitung fand –, scheinen nichts anderes gewesen zu sein als die lokale Variante der Beisetzung in künstlichen Grotten, wie sie zur Zeit der steinzeitlichen Kulturen im Mittelmeerraum und in verschiedenen Gegenden Europas, Afrikas und Asiens weitverbreitet waren.

Im Mittelmeerraum verbreiteten sich die Felsengräber von ihrem vermutlichen Ursprungsort auf der Insel Zypern bis zur Iberischen Halbinsel, bis nach Frankreich, Sizilien und Sardinien.

In Sardinien kommen sie in ästhetisch ziemlich einmaliger Ausprägung vor. Da ist zum Beispiel die ungefähr einen Kilometer von Villa Sant'Antonio an der nach Senis führenden Provinciale gelegene Nekropole Genna Salixi, die als die schönste von ganz Sardinien gilt und, dem Archäologen Lilliu zufolge, die architektonisch am weitesten fortgeschrittene Domus de janas ist. Sie ist gekennzeichnet von einer strengen horizontalen Anordnung in einer imposanten Flachkuppel aus Trachyt. Die einzelnen Bestattungsplätze sind tief ausgegraben und verfügen über mehrere Kammern. In den Gräbern Nr. I und II von Iloi-Sèdilo und im Grab Nr. I von Lochele-Sèdilo finden sich faszinierend gemalte, mehrfarbige Ornamente. Rot bemalt sind die modellierten Stierhörner, mit denen die Gräber von Sas Arzolas de Goi bei Nugheddu Santa Vittoria und von Sa Pardischedda in Busachi ausgeschmückt wurden, während ein Stierkopf mit langen sichelförmigen Hörnern, Augen und breiten Ohren in Grab Nr. II von Grugos in Busachi ungewöhnlich naturalistisch wirkt.

Aus der gleichen Zeit wie dieser Gräberkult stammt der Kult der männlichen Gottheit, von dem in dieser Gegend viele verstreut in der Landschaft stehende Menhire zeugen. Der 5,75 Meter hohe Menhir von Monti Corru Tundu aus trachythaltigem Tuffstein ragt im Gebiet von Villa Sant'Antonio aus dem ausgedehnten Gräberfeld von Is Forrus empor, und an der Grenze zwischen dem Gebiet von Pompu und Morgongiori überragt der 3,60 Meter

hohe Menhir namens Su Fruconi de Luxia Arrabiosa (Feuerhaken) über die Domus von Su Stabi und Su Forru de Luxia Arrabiosa (das Foto auf dieser Seite wurde hier aufgenommen).

Aus der Kupferzeit (2800–1800 v. Chr.) stammt dagegen die Ausstattung des völlig intakten unterirdischen Grabes von Santa Caterina di Pittinuri, wo man den Bestattungsritus und die unterschiedliche Nutzung der Kammern rekonstruieren konnte: Korridore und Vorraum wurden für Zeremonien genutzt, die drei kleineren Kammern dienten der Bestattung der Toten.

gefeiert sowie mit einem Pferderennen, der *cursa de su pannu,* deren Sieger als Preis ein Stück Brokat *(su pannu)* erhält.

Busachi fasziniert, weil in diesem Ort die ursprünglichen Bräuche Sardiniens überlebt haben. Die meisten alten Frauen des Dorfes tragen die traditionelle Tracht, und die meisten Häuser sind wie früher aus Basaltstein und Trachyt gebaut; einige sind auch sehr geschickt restauriert worden. Kurzum, in Busachi hat die blinde Modernisierungswut noch nicht die Oberhand über die strenge Eleganz und kluge Geradlinigkeit der alten bäuerlichen Architektur gewonnen. Um diese Atmosphäre authentischer Folklore zu genießen, sollte man hier zu Fuß spazierengehen und sich in den verschiedenen Ortsteilen umsehen: in Busachi de susu (wo man rechts von der Hauptstraße, in der Via del Carmine, die im 16. Jahrhundert erbaute Kirche San Domenico besichtigen kann, deren Fassade mit einer schönen Rosette verziert ist); in Campu Majore und in Busachi de sosso (wo man, wenn man durch die Via Cagliari, den städtischen Abschnitt der Statale, hintergeht, auf die interessante, in den ersten Jahren des 18. Jahrhunderts er-

Typisches Eingangsportal eines Landguts.

richtete Kirche San Bernadino stößt, die erst vor kurzem restauriert wurde). Leider gibt es in Busachi kein passables Restaurant, obwohl sich die Leute hier sehr gut auf die Zubereitung einiger wirklich vorzüglicher sardischer Gerichte verstehen. Erwähnt sei nur »su succu«, auch »sa busacchesa« genannt, eine Oster- oder Hochzeitssuppe. Es handelt sich um eine Brühe mit reichlich Einlagen aus verschiedenen Fleischsorten, einschließlich Wild, ganz dünnen, hausgemachten und in der Brühe gekochten Grieß-Tagliatelle; die Brühe selbst wird mit Safran und Kräutern verfeinert. Am Ende wird das Ganze mit frischem, fast noch saurem geriebenem Pecorino-Käse überbacken.

Wir verlassen Busachi und fahren in Richtung **Fordongianus,** indem wir der Straße folgen, die an den Hügeln des Tirso vorbeiführt und die vor allem im letzten Abschnitt wunderschön ist. Fordongianus war einst ein befestigter Vorposten *(Forum Traiani),* den die Römer gegründet hatten, um die Bewohner der Barbagia, die sich gegen die Herrschaft der Römer auflehnten, zu bändigen, und zugleich die hier so üppig sprudelnden Heißwasserquellen zu nutzen. Welche Bedeutung der Vorposten im Laufe der Zeit gewinnen sollte, beweist die Fülle an archäologischen Funden, die in der Umgebung des Dorfes zutage gefördert wurden. Etwa eines Amphitheaters in der Ortschaft Apprezzau (um zu diesen Ruinen zu gelangen, muß man auf die Statale 338 fahren und bei Kilometer 25 auf die unbefestigte Straße rechts einbiegen und bis zum Transformatorenhäuschen fahren), aus dessen Überresten man auf die elliptische Form des Theaters und seine Bauweise, ein *opus quadratum* aus Trachytblöcken, schließen konnte. Oder eines Aquädukts an der Straße nach Allai. Oder auch der alten Straße, die Cagliari mit Porto Torres verband und aus Forum Traiani einen wichtigen Verkehrsknotenpunkt machte. Aber am bedeutendsten und am besten erhalten ist die Anlage der Thermen, die man erreicht, wenn man die ganze Hauptstraße des Dorfes, die Via Traiano, entlang und zum Tirso hinunterfährt.

Bevor wir bei den Thermen ankommen, lohnt sich ein Abstecher zu dem kleinen, rechts von der Straße gelegenen Platz, wo ein seltenes Beispiel eines im 17. Jahrhundert erbauten Herrenhauses im spätgotischen Stil zu sehen ist. Es ist die unlängst restaurierte Casa Madeddu, besser bekannt als Casa aragonese, die ganz aus rotem

TIPS & INFOS
Ausführliche Informationen finden Sie auf Seite 129

FORDONGIANUS

26 Kilometer von Oristano
Einwohner: 1296
Höhe: 35 m ü.d.M.
Postleitzahl: 09083
Vorwahl: 0783

Informationen
Municipio
Via Traiano, 2
Tel. 6 03 23

ESSEN

Zia Adelaide
Via Rosa Sanna, 11
Tel. 6 01 44
Freitags geschlossen

Der Uferpark von Fordongianus, einem von den Römern gegründeten befestigten Vorposten im schönen Tirsotal.

Trachyt besteht. Rot ist übrigens auch die vorherrschende Farbe der Dorfhäuser mit ihren Türen und Fenstern im katalanischen Stil und den vielen Bauelementen aus Stein. Heute ist die Casa aragonese Sitz des örtlichen Kulturzentrums und der Bibliothek (geöffnet: montags, mittwochs und freitags 14.45 bis 17.30 Uhr). Die Piazzetta wird durch zahlreiche moderne Skulpturen verschönert – Werke jener Künstler, die an dem Wettbewerb teilnehmen, der alljährlich vom 26. Juli bis zum 4. August in Fordongianus abgehalten wird. Dann werden die Kunstwerke im Freien, neben den Thermen, in dem Park, der sich am Flußufer entlangzieht, ausgestellt.

Die Römer leiteten die noch heute hier aus der Erde sprudelnden heißen Quellen in die Thermen von Forum Traiani, die wahrscheinlich auf das erste Jahrhundert n. Chr. zurückgehen.

Die historische Thermenanlage verfügt weder über einen ständigen Wachdienst, noch werden dort Führungen angeboten. Man muß sich deshalb an die Gemeinde oder direkt an Tonino Pischedda wenden (Tel. 07 83/ 6 02 12), der, zusammen mit anderen, auch mit der Pflege der Anlage betraut ist. Der Komplex ist wirklich

beeindruckend: In der Mitte befindet sich das breite, rechteckige Schwimmbekken *(natatio),* das früher einmal von einem Portikus umgeben war, von dem an der Südseite noch einige wenige Arkaden stehengeblieben sind. Es gab auch Wandelgänge, zwei Frigidarium-Wannen, ein Tepidarium und ein Kalidarium. Die Thermen gehen wahrscheinlich auf das 1. Jahrhundert zurück: Sie wurden gebaut, um die reichlich sprudelnden Heißwasserquellen zu nutzen (deren durchschnittliche Temperatur um die 50 Grad Celsius beträgt). Gleich außerhalb des Ausgrabungsgeländes, unten am Flußufer, sehen wir auch heute noch Wannen mit dampfendem Abflußwasser, die die Frauen des Dorfes als Waschtröge verwenden. Leider ist die Gegend teilweise verschandelt durch eine auffallende, über den Fluß geführte Stromleitung, die eigentlich einmal die moderne Thermalanlage auf dem gegenüberliegenden Ufer des Tirso hätte versorgen sollen; diese wurde aber nie in Betrieb genommen und macht jetzt einen sehr vernachlässigten Eindruck.

Von den Thermen kann man außerdem noch zu dem
großen, rückwärts gelegenen Platz gehen, dem alten Forum, einem der beiden letzten heute noch in Sardinien
existierenden Foren (das andere befindet sich in Nora)
in Trapezform; es ist vollständig mit großen grauviolet-
ten Trachytblöcken gepflastert. Gegenüber vom Ein-
gangsschalter ist das kleine, ebenfalls aus römischer Zeit
stammende Gebäude mit einer Apsis an der Südseite
bemerkenswert, das wahrscheinlich einmal als Nym-
phaeum genutzt wurde.

Ehe man Fordongianus verläßt, kann man sich, wenn
man über einen guten Orientierungssinn und über die
nötige Geduld verfügt, auf die nach Allai führende

Straße begeben, wo man, ungefähr einen Kilometer hinter dem Dorf, auf den Pfad gleich nach dem betreffen-
den Straßenschild und noch vor der Brücke einbiegt:
Von hier aus erreicht man, wenn man über die Felder
weitergegangen ist, eine *Domus de janas,* die aus Eingang, Vorraum und einem Hauptraum besteht.

Ehe wir nach Oristano zurückkehren, können wir nach
den letzten Häusern von Fordongianus, westlich des
Dorfes, die Kirche Vittorina in **San Lussorio** und die an
die Kirchenmauern angrenzenden Überreste einiger
römischer Gebäude sehen. Wer bei Sonnenuntergang
hierherkommt, hat Glück: Die altrosa Steine von San
Lussorio, in strahlendes Sonnenlicht eingetaucht, bieten
einen wahrhaft atemberaubenden Anblick.

Auf den Feldern des Oristanese sind noch alte, mit dem Land-bau verbundene Bräuche lebendig.

Die zu Beginn des 12. Jahrhunderts von den Mönchen des heiligen Viktor von Marseille erbaute Kirche ist schlicht. Sie hat nur ein Schiff, ein schmuckloses Portal und eine Fassade in katalanischer Gotik – das Ergebnis einer im 15. Jahrhundert vorgenommenen Umgestaltung. Doch die Fassade paßt sich mit ihren klaren, harmonischen Linien sehr gut in das Gesamtbild ein. Hinreißend aber ist vor allem das einzigartige Farbspiel der rosafarbenen und weißen Steine. Interessant ist auch das Kircheninnere (für eine Besichtigung wenden Sie sich bitte an den Pfarrer von Fordongianus und fragen nach dem Schlüssel – Tel. 07 83/601 10. Vergessen Sie aber nicht, eine Taschenlampe mitzunehmen!). Es ist mit seinem Dachstuhl aus Holz und dem Hypogäum, zu dem man über eine Bodenöffnung im Chorraum und über neun Steinstufen gelangt, fast ganz in seiner ursprünglichen Form erhalten. Die Krypta stammt aus dem 4. Jahrhundert und weist einige Elemente auf, die mit Sicherheit aus frühchristlicher Zeit stammen.

Zum Äußeren muß noch gesagt werden, daß an der Ost- und an der Südseite der Kirche gegenwärtig Ausgrabungen durchgeführt werden und daß das hier angebrachte Schutzdach den optischen Eindruck des Ensembles leider ein wenig stört. Dennoch ist San Lussorio (dessen Fest vom 21. bis zum 29. August gefeiert wird) eines der beeindruckendsten Monumente auf unserer Route.

Wir fahren die Statale 338 hinunter und kehren über das Bauerndorf **Simaxis** (wo die Zeugen Jehovas soeben einen riesigen Bau hochziehen) zurück nach Oristano, dem Ausgangspunkt unserer Rundreise.

Holzofen zum Brotbacken.

Häuser aus Stein und Lehm

Seit Mitte der sechziger Jahre haben sich die Altstadtkerne Sardiniens im Zuge der allgemeinen Modernisierung einem radikalen Wandel unterziehen müssen. Der leichteren Verfügbarkeit von Geld in einer Wirtschaft, die bis kurz davor noch überwiegend feudal strukturiert war, fiel als erstes das traditionelle sardische Bauernhaus zum Opfer.

Bauern oder Hirten, die von einem ausgewanderten Sohn eine bescheidene Überweisung erhielten, wollten den neuen Wohlstand sofort sichtbar machen und trennten sich von allem, was an ihr früheres arbeits- und entbehrungsreiches Leben erinnerte. Also nichts wie weg mit dem alten Haus aus Stein und Lehm! An seine Stelle traten die Götzen der Modernität – Ungetüme aus Beton, Eisen, Aluminium oder PVC.

Es gibt allerdings auch heute noch regelrechte Widerstandsnester, Gegenden mit starkem Beharrungsvermögen. Dabei handelt es sich meist um kleinere Ortschaften. Bei ihnen sind nicht nur einige Häuser in ihrer ursprünglichen Gestalt erhalten geblieben, sondern ein wesentlicher Teil des dörfischen Gefüges, welches das Alltagsleben und die Wohnsituation prägt. Wir sprechen insbesondere von einigen Gegenden der Provinz Oristano, dem Herzen der Campidano-Ebene und der Marmilla.

Die Struktur des Hauses entsprach den Bedürfnissen der Bauernfamilie; die Wohnräume hatten unterschiedliche Funktionen, ebenso der Hof und einige spezifisch rustikale Elemente. Der Hof, *sa prazza,* war ein großer, mit Kieselsteinen gepflasterter und von hohen Lehm- oder Steinmauern umgebener Platz, das zentrale Element des sardischen Hauses. Es gab einen einzigen Zugang durch ein monumentales Tor. An den Innenseiten finden wir Speicher für die Lebensmittelvorräte, die Loggia für den Wagen, das Holzlager, *su cidraxiu,* sowie den Viehstall, *su stabi.* Der Brunnen befand sich dagegen in der Mitte des Hofes.

Das Haus besteht aus einer Reihe gleich großer nebeneinanderliegender Räume, die alle auf einen langen Bogengang, *sa lolla,* blicken, der sich an die Fassade anschmiegt und von starken, regelmäßig angeordneten Stützpfeilern aus Stein getragen wird. Hierher wurden die landwirtschaftlichen Produkte gebracht und einer ersten Bearbeitung unterzogen. Die *lolla* dient auch als Empfangsraum, Arbeitszimmer und Durchgang zu den anderen Zimmern, die sie zugleich vor allzu großer Kälte und Hitze schützt.

Ein weiteres Element des Bauernhauses, das sich in der Regel an die Einfassungsmauer anlehnt, ist *su magasinu,* der Geräteschuppen. In der Küche befand sich die Mühle *(sa moba),* mit der das Getreide gemahlen wurde; sie wurde von einem Esel angetrieben. In einer Ecke stand – manchmal mit der Öffnung in der Küche – der gewölbte Ofen zum Brotbacken. Bei den wohlhabenden Familien waren die Wohnhäuser erhöht gebaut; die Trennwand war besonders stark, um dem Druck des dort gelagerten Getreides und der Hülsenfrüchte standzuhalten. Die Schlafzimmer waren äußerst sparsam möbliert.

Die außen sehr oft unverputzten Häuser sind im allgemeinen aneinandergebaut; sie haben Ziegeldächer und über der Decke des unteren Stockwerks ein Holzgebälk mit einem Rohrgeflecht darüber. Der Fußboden ist aus gestampftem Lehm oder mit großen flachen Steinen gepflastert. Die dicken Außenmauern sind wegen der unregelmäßigen Steine nicht glatt. Die Innenwände sind mit Tonerde, einer Kalk-Tonerde-Mischung oder mit Lehm und Stroh verputzt und meistens mit Kalk bemalt, dessen Farben ins Gelbliche und Rosa spielen.

Auf den Wegen des Obsidians

*Ausgangs- und
Zielort:*
**CAMPINGPLATZ
SENNISCEDDU**

*Voraussichtliche
Dauer des Ausflugs:*

   3 STD.

Wenn man die asphaltierte Straße hinaufgeht, die von Pau kommt, gelangt man zur Bar-Pizzeria des Campingplatzes. Hinter dieser Pizzeria nehmen Sie die weiße Straße links. Nach ungefähr dreißig Schritten biegen Sie dann rechts ab (der Weg geradeaus führt zu einem Wasserreservoir). Der Pfad windet sich zuerst durch die Macchia hindurch und verläuft dann im Schatten von Korkeichen. Nach dem Aufstieg wird der Weg etwas breiter. Rechts können Sie einen kleinen, leider nicht besonders gut markierten Pfad ausmachen. Wenn Sie diesen Pfad einschlagen, gelangen Sie nach ein paar hundert Metern in eine vom Wasser ausgegrabene Schlucht. Während Sie durch diese Schlucht gehen, halten Sie sich links und befinden sich nach wenigen hundert Metern an der Einfriedung des Campingplatzes. Dann kommen Sie zu einer Lichtung, die Sie überqueren, und gehen weiter. Rechts sehen Sie einen Pfad, der in den Wald eintaucht: Dies wird Ihr Rückweg sein.

Nach kurzer Zeit hören Sie zu Ihrer Linken fließendes Wasser rauschen: Sie sind an der Quelle des Sennisceddu angelangt. Gleich danach folgt eine zweite Lichtung. Hier nehmen Sie die Straße rechts, die Sie nach einem Aufstieg zu einer Brandschneise führen wird. Beachten Sie bitte die schöne Basaltmauer zu Ihrer Linken! Klettern Sie noch ein bißchen weiter, biegen dann scharf nach links ab und folgen einem kleinen Pfad, der Sie vor eine Wand aus Basaltsäulen führen wird. Anfangs ist der Pfad nicht sehr klar erkennbar, aber nach einigen Schritten, immer noch nach links, müßten Sie auf einer fast völlig mit Affodill bewachsenen Lichtung auf eine Spur des Fußpfades stoßen, der sich durch die von Erdbeerbäumen beherrschte Macchia schlängelt. Auf der Höhe der Basaltwand verschwindet der Pfad ab und zu ganz, aber wenn Sie sich links halten, finden Sie ihn eben an der Stelle wieder, an der er in einen von Büschen gebildeten Tunnel eintaucht: Folgen Sie ihm, bis Sie zu einer neuen Brandschneise kommen. Dann wenden Sie sich scharf nach rechts und folgen der breiten Schneise, bis Sie sich oberhalb der Basaltmauer befinden. Von dieser Stelle aus kann man an klaren Tagen sehr weit sehen – bis zur Hochebene der Giara, den sanften Hügeln der Marmilla und den Gipfeln des Gennargentu.

Schon bald mündet Ihr Pfad in eine neue Brandschneise ein. Wenn Sie nach links abbiegen, werden Sie zu Ihrer Rechten

eine Einzäunung und zu Ihrer Linken eine Reihe von Masten
der elektrischen Leitung sehen. Von den verschiedenen Weg-
gabelungen, auf die man hier stößt, sollte man sich nicht be-
irren lassen. Erst wenn man zu einer großen Kreuzung gelangt, nimmt man den rechten Weg und geht weiter, bis man
einen neuen Waldweg kreuzt, auf den man einbiegt, und zwar
nach links. Sie kommen hier zu einem Gittertor; denken Sie
bitte daran, es hinter sich zu schließen. Wenn Sie weitergehen, kommt eine erste Abbiegung nach links, die Sie nicht
weiter beachten, dann eine Lichtung mit Schildern und einer
Absperrung, um Autos an der Weiterfahrt zu hindern. Wenn
Sie über die Absperrung links steigen, befinden Sie sich auf
der gepflasterten Straße, die zur Quelle von Acquafrida führt.
Wir aber empfehlen Ihnen, sich für die rechte Absperrung zu
entscheiden: Dann können Sie eine wunderschöne Steineiche
mit weit ausladenden Ästen bewundern, die bestimmt über
hundert Jahre alt ist. Hinter der Steineiche gehen Sie nach
links, vorbei an einigen öffentlichen Grillplätzen, und hinter
einer weiteren hundertjährigen Steineiche biegen Sie nach
rechts ab, um zu der gepflasterten Straße zu gelangen, die zur
Quelle führt. Sie brauchen nur die Stufen hinunterzusteigen,
und Sie sind da.

Nach einer Erfrischungspause gehen Sie auf der gepflasterten Straße weiter, die hinter der Quelle zu Ihrer Rechten auftaucht. Es geht ein wenig aufwärts, und dann kommen Sie zu einer Lichtung mit einer interessanten Felsformation, von der aus Sie noch einmal ein schönes Panorama genießen, das die Ebene von Arborea, den Golf von Oristano und, bei günstiger Witterung, auch die Gipfel des Montiferru und des Marghine umfaßt. Kehren Sie zurück bis zu der Lichtung mit den Schildern und den Absperrungen. Wenn Sie noch Lust haben weiterzugehen, können Sie von hier aus die Kiesstraße links nehmen und ein altes Feuertürmchen besteigen, das heute nicht mehr benutzt wird, aber nach wie vor einen großartigen Ausblick bietet. Andernfalls gehen Sie die Straße zurück, die Sie bis hierher geführt hat (die zweite Abbiegung nach links), wieder durch das Gittertor. Ignorieren Sie die Abzweigung rechts, von der Sie gekommen sind, und gehen Sie geradeaus. Einige hundert Meter weiter werden Sie zu Ihrer Rechten die Quelle Fustiobau entdecken. Danach biegen Sie nach rechts, gehen einen Zaun entlang und genießen den herrlichen Ausblick über die Giara und die Hochebene von Santa Lucia. Noch ein bißchen weiter, und Sie gelangen wieder auf die von der Basaltmauer überragte Lichtung. Nehmen Sie für den Abstieg wieder die Brandschneise links; die Basaltfelsen müßten jetzt rechts von Ihnen liegen. Nach einem kurzen Abstieg befinden Sie sich auf der Lichtung, die Sie bereits auf dem Hinweg überquert haben. Wenn Sie sich links halten, landen Sie auf dem Pfad, der Sie bis in die Nähe der Quelle Sennisceddu führt, und dann zur ersten Lichtung. Hier werden Sie, statt in den Pfad einzubiegen, auf dem Sie Ihre Wanderung begonnen haben und der jetzt zu Ihrer Rechten liegen sollte, den Weg links nehmen, der in den Wald eintaucht. Dies ist die Straße des Obsidians: Sie ist buchstäblich mit kleinen Splittern dieses schwarzglänzenden Vulkangesteins übersät, so daß man das Gefühl hat, auf Glas zu treten. Gehen Sie weiter, bis der Asphalt beginnt und rechts der Campingplatz auftaucht, von dem aus Sie gestartet sind.

Zur Burg des Königs Medusa

Diese Wanderung an den Schluchten des Rio Araisi entlang bietet für den Natur- und Landschaftsliebhaber sowie für den archäologisch Interessierten einige Reize. Der Weg ist jedoch nicht ganz ungefährlich, so daß es sich empfiehlt, sich einem ortskundigen Führer anzuvertrauen. Ausgangspunkt ist das kleine Dorf Asuni. Sobald wir in Asuni ankommen, wenden wir uns nach Nureci. Nachdem wir die Ortschaft hinter uns gelassen haben, biegen wir nach links in eine landwirtschaftlich genutzte Straße namens Burdaga ein. Diese sehr imposante Route folgt den Windungen der kleinen Flußtäler, bis sie nach etwa vier Kilometern eine gut markierte Piste kreuzt. Hier stellen wir das Auto ab, und unsere Wanderung kann beginnen. Zuerst gehen wir diese Piste bis

Ausgangs- und Zielort:
ASUNI

Voraussichtliche Dauer des Ausflugs:

 3 STD.

zum Ende weiter; hier treffen drei Flüsse – der Riu Araxisi, der Riu Majori und der Riu Misturadroxiu – aufeinander. Ihr Zusammenfluß bildet eine eindrucksvolle Schleife zwischen sehr hohen Wänden (die ungefähr 100 Meter über das Tal emporragen). Wenn nicht gerade Hochwasser herrscht – was sehr selten vorkommt –, ist die Stelle, wo man durch den Fluß waten kann, leicht zu finden. Auf diese Weise gelangen wir unter den Kalkfelsen mit den Ruinen des Castello di Medusa (der Legende zufolge hat diese Burg einst einem mythischen König namens Medusa gehört). Wenn man hier steht, glaubt man, diese Ruine nie erreichen zu können. Tatsächlich befindet sich der von uns vorgeschlagene Weg auf der Westseite des Felsens und ist sehr steil; der Pfad ist nicht ausgewiesen, und man kommt nicht ohne Schwierigkeiten dorthin.

Im letzten Jahrhundert bezeichnete der italienische General und Politiker Lamarmora das Castello als »vorgeschobenen Posten des Militärlagers, das die Kaiser des Ostreiches in Forum Traiani unterhielten«. Es handelte sich also um ein *Castrum,* dessen älteste Anlage auf die Römerzeit zurückgeht und das errichtet wurde, um die Gegend vor den Invasionen der Bewohner der Barbagia zu schützen. Zur Zeit der Richter diente es ebenfalls als militärischer Vorposten. Der Ausblick, der sich von hier oben bietet, ist so wunderschön und so unheimlich, daß man versteht, warum sich hier die seltsamsten Legenden bilden konnten. Nach der Besichtigung der Ruinen können wir über einen Laufsteg, der unter dem kielförmig aufragenden Turm aufgestellt wurde, den Abstieg beginnen. Der Pfad ist von den wenigen Menschen, die hierherkommen, markiert worden. Da das Gelände sehr steil ist, windet sich der schmale Pfad in vielen Kehren bergab. Auf dem Weg kommen wir an einer der hier so zahlreichen natürlichen Grotten vorbei. Sobald wir am Fluß angelangt sind, folgen wir seinem linken Ufer, bis uns die allzu dichte Vegetation zwingt, durch den Fluß zu waten. Nach ein paar hundert Metern auf der rechten Seite des Flusses müssen wir den Fluß noch einmal überqueren, um auf die Piste zu gelangen, die uns zum Ausgangspunkt unseres Ausflugs zurückführt.

Der Felsen von Sa Dom'e is Cabonbus bei Morgongiori.

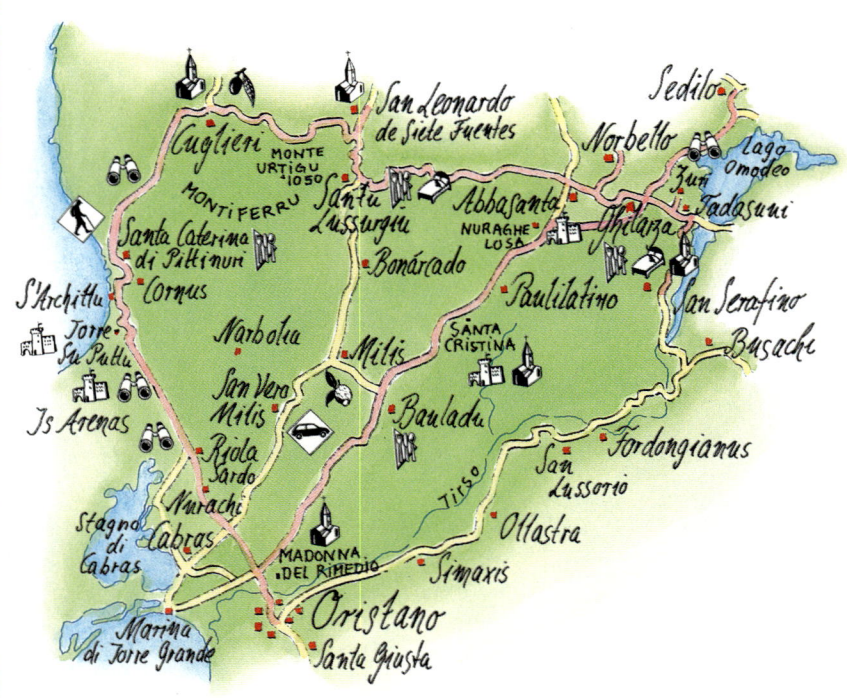

Ausgangs- und Zielort:
ORISTANO

Länge:
140 KM

Voraussichtliche Dauer des Ausflugs:

🚗 1 TAG

Zum Montiferru

Von Oristano über Nurachi, Riola Sardo, Santa Caterina di Pittinuri, Cuglieri, San Leonardo de Siete Fuentes, Santu Lussurgiu, Ghilarza, Norbello, Tadasuni, San Serafino, Zuri, Sèdilo und Santa Cristina

Wanderung:

     SANTA CATERINA DI PITTINURI

Abstecher nach:

     SAN VERO MILIS UND BONÀRCADO

Zum Montiferru
Wüste und Wälder

Von Oristano fahren wir in Richtung Norden und folgen auf der Statale 292 der Ausschilderung nach Cuglieri. Wir kommen durch **Nurachi** und **Riola Sardo**, kleine Bauerndörfer mit den typischen niedrigen Häusern, unter deren abbröckelndem Verputz da und dort die traditionellen Rohziegelmauern sichtbar werden. Wir fahren an den drei Abzweigungen nach Putzu Idu und den herrlichen weißen Dünen von Is Arenas vorbei, die sich in Urzeiten unter Einwirkung des Mistrals gebildet haben.

In früherer Zeit bedeckte der Sand mehr als tausend Hektar, und als er sich weiter zum Hinterland hin ausbreitete, bestand die Gefahr, daß die ganze Umgebung sich in eine Wüste verwandeln könnte. Obwohl die »Sinis-Wüste« mit ihren wandernden Sanddünen, die nicht weniger als 50 Meter hoch sein konnten, ein in ganz Europa einzigartiges Phänomen darstellte, wollte

Die heute auf ungefähr drei-hundert Hektar reduzierte Sinis-Wüste stellt eine in Europa einzigartige Landschaft dar.

man damals im Rahmen eines Pilotprojektes die Wiederaufforstung forcieren. Sie wurde in den frühen fünfziger Jahren abgeschlossen. Ein wahres Mammutunternehmen mit technischen und umweltrelevanten Lösungsansätzen, die für die damalige Zeit überaus fortschrittlich waren. Der Prozeß der Verwüstung wurde auch tatsächlich gestoppt.

Heute sind von dem ursprünglichen Sandgebiet nur wenig mehr als dreihundert Hektar übriggeblieben; der Rest ist inzwischen von Pinien, Akazien und Mimosen bedeckt – einer Vegetation, die im Zuge der Aufforstung angepflanzt wurde. Der Anblick der übriggebliebenen Wüste ist – vor allem im Frühjahr – bezaubernd: In besonderer Schönheit erstrahlen dann die Büsche der rosa blühenden Zistrosen.

Die berühmte Bucht von S'Archittu, eine der imposantesten Küstenformationen in der Nähe von Santa Caterina di Pittinuri.

Um in die Wüste zu gelangen, muß man die dritte Abzweigung nach Putzu Idu nehmen und ungefähr einen Kilometer auf der asphaltierten Straße fahren, vorbei an bebautem Land, an Olivenhainen und Weingärten, bis rechts von der Straße einige Pisten sichtbar werden. Wenn man in eine von ihnen einbiegt, kommt man zu den großen Dünen, deren Existenz heute auch durch immer mehr bebautes Land bedroht ist. Hier herrscht tiefe Stille, nur einige Vögel segeln durch die Luft.

Wenn wir auf der Statale 292 zurückkehren, kommen wir zu der Abzweigung, die zum Campingplatz Nurapolis führt. Nach einigen Spitzkehren gelangen wir nach **Torre Su Puttu,** dessen Umgebung von einem imposanten Turm beherrscht wird, welchen die Spanier auf einem hohen Felsgrat errichteten. Torre Su Puttu ist ein überfüllter Badeort, in erster Linie wegen der Bucht S'Archittu; sie ist von einem großen Felsenvorsprung, der infolge der Erosion die charakteristische Form eines Bogens angenommen hat, zum Meer hin abgeriegelt. Leider beeinträchtigen heute in der Nähe entstandene Bauten den Reiz des Ortes. Es folgt ein sehr interessanter Küstenabschnitt mit einer ununterbrochenen Abfolge von Kalksteinkaps und kleinen Inselchen, Sandstränden und weißen Felsen. Die Strecke zum Meer hinunter ist angenehm, und unterwegs laden viele Orte zu einer kleinen Badepause ein.

Die Statale, auf der wir in Richtung Santa Caterina di Pittinuri fahren, verläuft jetzt an den Hängen des Montiferru entlang. Einen Kilometer südlich von Santa Caterina weist ein Schild auf den archäologisch interessanten Ort **Cornus** hin. Der ziemlich holprige Weg, der rechts von der Statale abzweigt, endet kurz vor der frühchristlichen Siedlung Columbaris; die Ruinen der Akropolis von Cornus, zu denen man nur zu Fuß gelangen kann, liegen weiter südöstlich auf dem Hügel. Die Geschichte dieser Stadt ist eng mit dem sardo-punischen Helden Ampsicora und seinem Sohn Iosto verbunden; beide standen 215 v. Chr. während des Zweiten Punischen Krieges an der Spitze eines Aufstands gegen die Römer. Die Sarden kämpften damals an der Seite der karthagischen Truppen von Hasdrubal dem Kahlen. Der römische Geschichtsschreiber Titus Livius berichtet uns ausführlich darüber; von ihm erfahren wir auch, daß dieser Krieg unglücklich ausging und mit dem Tod des Iosto in der Schlacht, dem Selbstmord des Ampsicora und der militärischen Eroberung von Cornus endete. Die eroberte Stadt erlebte dann unter den Römern eine wirtschaftliche Blüte und erhielt den Status einer Kolonie. Dort wohnten tatsächlich auch einige Richter und Priester, und die Werkstattsiegel auf hier hergestellten Gefäßen und Öllampen bezeugen auch die Existenz von bedeutsamem Gewerbe, das durch die Nähe von Porto Koraködes (Capo Mannu) begünstigt wurde.

Auf den Gewässern des Oristanese.

Vernaccia & Co.

Es ist schwer festzustellen, seit wann im Oristanese die Vernaccia-Rebsorte angebaut wird; belegt ist jedoch, daß schon 1390 ein likörhaltiger Weißwein von Sardinien nach Spanien exportiert wurde. Auch über die Herkunft des Namens herrscht keine Klarheit; die vertrauenswürdigste Hypothese leitet ihn von *vernaculus* ab, das heißt »vom Ort stammend«, »bodenständig«, »einheimisch«. Und das würde ganz gut passen, zumal diese Rebsorte nichts mit den anderen Vernacciaweinen, die in Italien produziert werden, gemein hat.

Das traditionelle Produktionsgebiet befindet sich im unteren Tirsotal auf den fruchtbaren, *benaxi* genannten, Schwemmlandböden, wo, den örtlichen Winzern zufolge, der beste Vernaccia gedeiht. Aber es hat sich im Laufe der Zeit auch in höhergelegene Zonen, auf ton- und kieselhaltige trockenere Böden, *gregori* genannt, ausgedehnt. Mit der teilweise noch heute angewandten *Ad-alberello*-Anbaumethode lagen die Erträge selten über 50 Zentner pro Hektar, während man in den neuen Anlagen sogar 80 bis 90 Zentner erzielt.

Während Boden, Lage und Klima für den Weinbau allgemein wichtige Faktoren sind, muß man für den Vernaccia di Oristano die Phasen der Verarbeitung, Veredelung und Lagerung hinzufügen, die wenig mit den üblichen önologischen Praktiken zu tun haben. Nach der Kelterung gärt der Most im Bottich oder in großen Fässern. Nach den ersten Umfüllungen landet er in charakteristischen kleinen Fässern aus Kastanienholz mit den schmalen Dauben, die früher einmal von den Böttchern in Santu Lussurgiu auf den Hügeln des Montiferru hergestellt wurden. Die Fässer werden nur zu etwa 9/10 gefüllt, und der Hohlraum verdoppelt sich im Laufe der Zeit durch die langsame Verdunstung des im Wein enthaltenen Wassers (der Wein wird auf diese Weise viel alkoholhaltiger). Die Lagerräume sind nicht, wie üblich, unterirdische und kühle Keller, sondern niedrige, mit Rohrgeflechten und Ziegeln bedeckte Bauten, in denen es im Sommer ziemlich warm wird. Hier entsteht eine Hefe *(flor)*, die auf der Oberfläche des Weines einen Film bildet und die Gärungsprozesse, die seinen einmaligen Charakter bewirken, begünstigt.

Trotz der unterschiedlichen Geschichte, Tradition und Technik der Weinbereitung ähnelt der Herstellungsprozeß in mancher Hinsicht dem des Sherrys, zum Beispiel hinsichtlich der Lagerung in nicht ganz voll gefüllten Fässern und der Bildung der *flor.* Wie der Sherry könnte auch der Vernaccia di Oristano den Olymp der Weinproduktion erklimmen. Aber dann müßte es ihm gelingen, seine Glaubwürdigkeit wiederherzustellen, die skrupellose Händler in jüngerer Zeit durch Panschereien erschüttert haben.

Der Vernaccia ist die Rebsorte mit dem höchsten Prestige in einem Anbaugebiet wie dem Oristanese, wo in letzter Zeit (wie überall auf der Insel) die international bekannten Sorten – Chardonnay, Pinot, Sauvignon und Cabernet – hinzugekommen sind. Außerdem gibt es noch jene, die zu Beginn des Jahrhunderts nach der Trockenlegung der Ebene von Arborea importiert wurden (Trebbiano und Sangiovese) sowie die klassischen Sorten Nuragus, Vermentino, Nieddera, Pascale, Monica und Bovale.

Der Weinbau konnte sich in dieser Gegend aus verschiedenen Gründen noch nicht sehr gut entwickeln: Einerseits gibt es wohl zu viele Winzergenossenschaften; andererseits ist die Nachfrage nach Qualitätsweinen mit dem »Gütesiegel« DOC einfach zu groß. Gegenwärtig ist die Produktpalette ziemlich breit und diversifiziert: Sie umfaßt stille, leicht moussierende und schäumende Weißweine, gute Rosés und einige Rotweine, die eine Imageaufwertung verdienen würden. In den letzten Jahren ist das Interesse für den Semidano wiedererwacht, eine alte, bodenständige Rebsorte, die wegen ihrer geringen Ergiebigkeit schon fast in Vergessenheit geraten war. In der Vergangenheit hatte man aus dem Semidano einen lieblichen oder süßen Wein mit delikatem Aroma und weichem, feinem, elegantem Geschmack gewonnen. Jetzt wird er auch in einer frischen, leichten Version angeboten. In dieselbe Kategorie gehören auch der Nuragus di Cagliari und der Vermentino di Sardegna. Von den Tafelweinen ist der spritzige Sinis aus Vernacciatrauben zu empfehlen sowie der Gregorius, eine Weinkomposition aus Nuragus, Trebbiano und anderen lokalen Sorten, die auch in den schäumenden Brut- und Rosé-Varianten eingeführt wurde; bei letzteren kommen noch kleine Zusätze von Monica, Pascale di Cagliari und Gregu Nieddu hinzu. Der Gregorius wird auch als Denomination Terralba hergestellt und hat eine leuchtend rubinrote Farbe, ein weiniges Aroma und einen trockenen, würzigen und warmen Geschmack; er paßt sehr gut zu gegrilltem Fleisch, Schmorbraten und reifem Käse. Besondere Jahrgänge eignen sich gut für eine mittelfristige Lagerung, aber im allgemeinen sollte er innerhalb von zwei Jahren konsumiert werden. Schließlich gibt es noch den aus der gleichnamigen, ebenfalls bodenständigen und fast schon vergessenen Rebsorte hergestellten Nieddera. Nach dem traditionellen Ad-alberello-System angebaut, werden die Nieddera-Trauben oft mit weißen Sorten gemischt. Auf diese Weise werden frische Roséweine erzeugt.

Das archäologische Areal ist sehr groß, aber da man irgendwann einmal mit den Ausgrabungen steckengeblieben ist, ist es nur für wirkliche Spezialisten interessant. Dennoch lohnen die Einsamkeit der Gegend und die Dimensionen des Grabungsfeldes, die man vorläufig eher ahnen als erkennen kann, einen Umweg. Die offenkundigsten – und jüngsten – Spuren stammen aus frühchristlicher Zeit und sind in dem großen, über der älteren Nekropole errichteten Friedhofsbezirk zu finden, der vom 4. bis zum 9. Jahrhundert n. Chr. genutzt wurde, sowie in den beiden Basiliken, die ebenfalls nach

Die eindrucksvolle Bauruine von sa fabbrica *aus dem 19. Jahrhundert.*

dem Muster der bereits bestehenden heidnischen Tempel erbaut wurden. Hinter dem Eingang gelangen wir rechts sofort zu einer langen Reihe von Gräbern und zu einem rechteckigen Gebäude mit einer doppelten Apsis. Das ist die Friedhofsbasilika – so genannt wegen der großen Anzahl von Grüften, die sich hier befinden. Unmittelbar neben diesem ersten Bau stößt man auf eine zweite, größere Basilika, von deren drei Schiffen und dem gegenüberliegenden Portikus nur noch Reste vorhanden sind. Neben diesem Gebäude steht ein weiterer, kleiner Bau mit achteckigem Grundriß, der als Baptisterium diente. Hier sieht man noch das kreuzförmige, mit kleinen Stufen versehene Taufbecken, das ursprünglich wohl von einem Baldachin, getragen von kapitellgeschmückten Säulen, überdacht war. Kürzlich ausgegraben wurden die Werkstätten, die auf den bereits freigelegten Bezirk blickten. Unter ihnen vermutet man auch einige *cauponae,* wie einst die Kneipen genannt wurden.

Wir kehren auf die Statale 292 zurück und fahren weiter nach **Santa Caterina di Pittinuri**, das um einen weißen Kiesstrand herum gewachsen und von Kalksteinklippen umrahmt ist. Der Ort wird von einem spanischen Turm, dem Torre Pittinuri, überragt. Meer und Klippen sind wunderschön, aber man darf den Blick nicht weiter schweifen lassen, sonst sieht man die wild zusammengewürfelten Neubauten, die, überwiegend im maurischen Stil gehalten, die Gegend erheblich verschandelt haben. Den schönsten Ausblick genießt man von den Klippen aus, auf denen der Turm emporragt. Hierher gelangt man, auch mit dem Auto, über einen ganz kurzen, am Ortsausgang beginnenden Umweg.

Hinter Santa Caterina biegt die Straße ins Landesinnere ab und führt an den Hängen des alten vulkanischen Massivs des Montiferru entlang, bis man nach ungefähr 15 Kilometern **Cuglieri** erreicht, das größte Bauerndorf auf dem Westhang des Berges. Die Vegetation ringsum wird beherrscht von Olivenbäumen, die übrigens ein hervorragendes Öl liefern. Diese Olivenhaine, die zu verschiedenen Landgütern gehören, haben die Sozialgeschichte der Stadt entscheidend geprägt: Hier hat sich eine geschlossene Schicht von Landbesitzern herausgebildet, die auf ihre Traditionen stolz war, was sich auch in ihren hohen, schloßähnlichen Häuser widerspiegelte. Der Name Cuglieri leitet sich vom römischen *Gurulis Nova* ab, aber seine heutige Lage an den Hängen des Montiferru verdankt das Dorf der Tatsache, daß es zur Verteidigung gegen die Sarazeneneinfälle errichtet wurde. Es wurde 1160 durch den Bau des Castello di Montiferru, Casteddu Ezzu, befestigt. Dies geschah auf Betreiben von Ottocorre, dem Bruder des Richters Barisone di Torres. Zwei Jahrhunderte später verlor die Burg ihre Bedeutung als Bollwerk gegen die Angriffe der Arborea, die an das Gebiet dieser Kommune angrenzte, weil 1354 ganz Sardinien unter die Herrschaft der Aragonier kam. Die Ruinen der Burg sind auf dem Berg gleich außerhalb des Dorfes zu sehen.

Die bedeutendsten Bauten von Cuglieri dienten allesamt religiösen Zwecken. Von der Hauptstraße führt eine steil ansteigende Straße durch ein Gewirr von Gassen und an hohen Steinhäusern vorbei zur Piazzale del Colle Bardosu und zu der aus dem 16. Jahrhundert stammenden Kirche Santa Maria della Neve. Das Gebäude verdankt sein heutiges Aussehen einer 1912 durchgeführten Restaurierung. Der Komplex ist zwar imposant und erinnert mit seinen steilen Zugangswegen

SANTA CATERINA DI PITTINURI

25 Kilometer von Oristano
Einwohner: 304
Höhe: 21 m ü. d. M.
Postleitzahl: 09073
Vorwahl: 0785

Informationen
Municipio
Via Carlo Alberto, 33
Tel. 3 98 39

TIPS & INFOS
Ausführliche Informationen finden Sie auf Seite 127 f.

CUGLIERI

40 Kilometer von Oristano
Einwohner: 3620
Höhe: 483 m ü. d. M.
Postleitzahl: 09073
Vorwahl: 0785

Informationen
Municipio
Via Carlo Alberto, 33
Tel. 3 96 23/398 39/3 90 27

Comunità Montana del Montiferru
Via V. Emanuele, 59
Tel. 396 38/360 28/39 22 75

Antiquarium
Ex-Convento dei Cappuccini

ESSEN

Desogos★
Via Cugia, 6
Tel. 3 96 60
Montags geschlossen, außer im Sommer

La meridiana★
Via Littorio, 2
Tel. 3 94 00
Mittwochs geschlossen

Der Ölberg

Zu den vielen unzureichend genutzten Ressourcen Sardiniens gehört auch das Olivenöl. Es gibt wohl eine ganze Reihe von Gegenden, die sich hervorragend für den Anbau von Olivenbäumen eignen, und tatsächlich ist der Anbau auch fast überall – von der Ebene bis zu den höheren Bergen – in geringerem Umfang verbreitet.

Das an den Hängen der Montiferru-Kette gelegene Cuglieri ist das einzige Dorf der Insel und vielleicht das einzige Dorf in ganz Italien, das sich eines »Ölberges« *(su Monte 'e s'ozu)* rühmen kann. Die Hügel rund um das Dorf, die eine Höhe zwischen 300 und 600 Metern erreichen, sind mit Olivenbäumen bedeckt, und das Öl aus diesem Gebiet zählt von jeher zu den besten Sardiniens. Das wissen auch die Händler vom Festland, die es jahrelang zu Schleuderpreisen aufkauften, um damit andere Produkte aufzubessern. Ein beträchtliches Potential also, das jedoch unbedingt einer gezielten Imageaufbesserung seitens der Produzenten und Vermarkter bedarf.

Nicht besser ist die Situation der Olivenölproduktion auf dem gegenüberliegenden Hang, der auf die Ebene von Oristano blickt. Séneghe und Bonàrcado verfügen über beträchtliche Olivenhaine, aber um ein wirklich gutes Öl produzieren zu können, müßte man auch hier die Dienste von Privatpersonen oder einer Genossenschaft in Anspruch nehmen, die die Menge, die über den Eigenbedarf der Familie hinausgeht, vermarkten könnten.

Andere hemmende Faktoren sind die Erntemethoden und die Zeit, die vor dem Mahlen vergeht. Geerntet wird gewöhnlich, indem man die Falloliven von Leinwandstreifen aufsammelt oder die Bäume einfach schüttelt (dies ist ein in der Ebene weit-, im Bergland des Montiferru kaum verbreiteter Usus). Nur wenige pflücken die Steinfrüchte von Hand – ein schonendes Verfahren, das die Qualität der Oliven natürlich wesentlich verbessert. Man darf außerdem nicht vergessen, daß sich viele Ölmühlenbesitzer angesichts neuer gesetzlicher Regelungen gezwungen sahen, ihre Betriebe zu schließen, weil sie nicht über die erforderlichen Reinigungsanlagen verfügten.

Trotz aller Probleme kann man sagen, daß die Olive in dieser Gegend mit Sicherheit gewinnbringend genutzt werden könnte, wenn die Ölproduktion rationeller betrieben würde.

Für das Öl vom Montiferru werden in erster Linie die Sorten Bosana, Ciliegina und Majorca verwendet. Wegen seiner besonderen Leichtigkeit und seines Wohlgeschmacks eignet es sich hervorragend zum Braten und zum Einlegen von Gemüse. Die Alten empfahlen es als »Magenstärkungsmittel«, das sie auch schon Kindern verabreichten. Manche Leute glauben gar, daß die Langlebigkeit der Bewohner dieser Gegend unter anderem auch dem kostbaren flüssigen »Gold des Montiferru« zu verdanken sei.

an ein Gebirgsdorf, aber das Ganze ist doch ziemlich gesichtslos und enttäuschend. Dafür hat man von diesem Platz aus eine großartige Sicht, die von der Küste bis zum Montiferru reicht. Im prunkvoll ausgestatteten barocken Inneren wird eine aus Stein gearbeitete Madonna aus dem 15. Jahrhundert aufbewahrt, die einer Legende zufolge in einer Kiste an den Strand gespült worden sein soll.

Zahlreich, lebendig und von echter folkloristischer Pracht sind die religiösen Feste von Cuglieri. Am interessantesten ist wahrscheinlich das Fest des heiligen Johannes, das am 24. Juni mit dem Ritual *s'abba muda* gefeiert wird. Traditionsgemäß begeben sich die Leute dann zu dem alten Brunnen von Tiu Memmere, wo sie sich waschen, trinken und dann schweigend nach Hause zurückkehren. Auf ihrem Weg zum Brunnen halten sie sich dicht an die Straßenränder, weil die Mitte an diesem Abend den Toten vorbehalten ist. Kurz vor dem Ausgang des Dorfes erhebt sich das ehemalige Kapuzinerkloster, heute Sitz des Pro loco und des städtischen Antiquariums, das auch einige Fundstücke aus Cornus enthält. Ganz in der Nähe, bei der Tankstelle, befindet sich das Restaurant La meridiana, das zu den bekanntesten der ganzen Gegend zählt.

Wir verlassen Cuglieri und folgen den Hinweisschildern nach Santu Lussurgiu. Langsam gewinnt die Straße an Höhe. Rechts bemerken wir gleich die Überreste des Casteddu Ezzu, das vor kurzem mit sehr fragwürdigem Erfolg restauriert wurde. Das Bemerkenswerteste auf diesem langen Streckenabschnitt ist die Vegetation: Im Überfluß gedeihen hier Thymian, Strohblume, Lavendel, Ginster, Erika und Hundsrose – alles wunderschöne wohlriechende Pflanzen.

Das Symbol der Vegetation des Montiferru ist jedoch die Steineiche. Dieser Baum beherrscht, zusammen mit dem Erdbeerbaum, dem Oleaster und dem Heidekraut das undurchdringliche Pflanzendickicht, das insbesondere auf dem den starken Meereswinden ausgesetzten Westhang des Berges zu finden ist. Andere wichtige Bäume sind Flaumeiche und Bergahorn sowie einige herrliche Exemplare der Stechpalme, die bis zu sechs Meter hoch werden können. In dieser so pflanzenreichen Gegend leben noch Mufflons, und seit kurzem bemüht man sich, hier den Gänsegeier wieder heimisch zu machen. Rebhuhn und Eichelhäher kommen dagegen weniger selten vor. Zahlreich vertreten sind auch die Wildschweine, die kleiner sind als die in Festlanditalien

In den Wäldern dieser Gegend, in denen vor allem Steineiche, Flaumeiche, Bergahorn und Stecheiche wachsen, gedeihen auch viele Pilzarten.

und hier offensichtlich ein sehr günstiges Habitat vorfinden.

Gleich hinter dem Ferienzentrum Madonnina, das sich im Besitz einer katholischen Stiftung befindet, fahren wir an der Gabelung vorbei, die zur Relaisstation der RAI führt: Wir sind auf dem Paß Badde Urbara auf einer Höhe von 875 Metern angelangt. Klar erkennbar sind der Gipfel des Monte Urtigu (1050 Meter), des höchsten des Montiferru-Massivs, der des benachbarten, einsam aufragenden Felsens des Monte Entu (1024 Meter) sowie der Vulkankegel Badde Urbara, nach dem der Paß benannt wurde und der fast im Zentrum eines erloschenen Kraters liegt.

Die Straße beginnt jetzt am Osthang des Berges, zwischen Weiden und weiten Schlagholzgebieten, sanft hinabzuführen.

Nach ungefähr vier Kilometern erreichen wir die Abzweigung nach Macomér. Wenn wir zwei Kilometer in diese Richtung gefahren sind, erreichen wir **San Leonardo de Siete Fuentes** (684 m ü. d. M.). Dieser Ort ist auf der ganzen Insel berühmt für die sieben Quellen, nach denen er benannt ist. In einem wunderschönen Park mit Steineichen, Stieleichen und Ulmen – dem letzten Überbleibsel jenes großen Waldes, der einst den ganzen Berg bedeckt haben muß –, sprudelt das Wasser mit einer gleichbleibenden Temperatur von 11 Grad Celsius aus den sieben kleinen Brunnen hervor und wird dann zu einem großen Brunnen im hochgelegenen Teil des Dorfes weitergeleitet, wo

Der Montiferru verfügt über eine reiche Pflanzen- und Tierwelt. Besonders Wildschwein und Turmfalke finden hier ein ideales Habitat.

der Wald besonders üppig wächst. Dorthin gelangt man über eine lange Treppe, die stets stark frequentiert ist, weil die Leute sich hier mit Vorräten von diesem Wasser eindecken wollen, dem abführende und harntreibende Eigenschaften zugeschrieben werden. Ein Feldweg rechts führt zu einer Macchia aus Eukalyptus und Steineichen, in deren Mitte, etwas außerhalb der Ortschaft, das eindrucksvolle Kirchlein San Leonardo steht, das im 12. Jahrhundert aus dunklem Trachyt erbaut wurde. Der untere Teil der Fassade mit den zwei Portalen sowie die Südseite stammen aus romanischer Zeit; der Rest ist gotisch und geht auf eine Rekonstruktion des 14. Jahrhunderts zurück. Die Kirche gehört den Malteserrittern, deren Insignien in dem auffallend schlichten Inneren zu sehen sind. Der einschiffige Kirchenraum wird von einem auf hohen gotischen Bogen ruhenden Dachwerk überspannt. Hier starb infolge der Verwundungen, die er in der Schlacht davongetragen hatte, Guelfo della Gherardesca, der Sohn des berühmten Grafen Ugolino, der Eingang in Dantes »Divina Commedia« gefunden hat. Dieser Ort ist bei den Sarden sehr beliebt; sie kommen hierher, um eine Atmosphäre und ein Klima zu genießen, wie sie auf der Insel selten anzutreffen sind. Hier atmet man eine ungewöhnlich frische Bergluft, und das üppige Grün, das Geräusch des Wassers und die bedächtig herumspazierenden Touristen erinnern an ein kleines Bergdorf, an ein Feriendorf im Piemont oder im toskanischen oder emilianischen Apennin. Tatsächlich aber sind die sonnenbeschienenen Strände Westsardiniens nur wenige Kilometer entfernt.

Wir fahren zur Abzweigung zurück und dann weiter nach **Santu Lussurgiu:** Die Anfahrt aus dieser Richtung ist empfehlenswert, weil man auf diese Weise einen Gesamteindruck von dem Dorf gewinnen kann, das sich wie die Ränge eines Amphitheaters an die Wände eines breiten Vulkankraters schmiegt. Der Name des Dorfes ist auf die Verehrung des heiligen Lussorio zurückzuführen, der als junger Mann im 4. Jahrhundert in Forum Traiani, dem heutigen Forongianus, den Märtyrertod erlitt. Die Straße führt bis ins Zentrum, das aus der Piazza Meloni besteht, von der aus man wie von einer Bühne auf den Marktplatz blickt. Hier erhebt sich die aus dem 15. Jahrhundert stammende Kirche Santa Maria degli Angeli. Unten, im Zentrum des von dem umgedrehten Kegel des Kraters gebildeten Trichters, liegt der ältere Teil des Ortes, der gekennzeichnet ist von hohen und schmalen Häusern mit Ornamenten aus Stein und Schmiedeeisen – Zeugnissen einer guten Handwerkstradition. Noch heute blühen in Santu Lussurgiu alte Handwerkszweige wie die Teppichweberei, die Truhenschnitzerei, die Herstellung von Messern und vor allem von Reitstiefeln, Sätteln und anderen Gegenständen dieser Art: kein Zufall, denn im Dorf besitzt im Durchschnitt jeder zehnte Einwohner ein Pferd.

Mit dem Pferd verbunden sind auch die wichtigsten Volksfeste: Im Karneval werden auf den Hauptstraßen des Ortes, vor allem in der Via Roma, spektakuläre Pfer-

TIPS & INFOS
Ausführliche Informationen finden Sie auf Seite 136f.

SANTU LUSSURGIU

33 Kilometer von Oristano
Einwohner: 3030
Höhe: 503 m ü. d. M.
Postleitzahl: 09075
Vorwahl: 0783

Informationen
Municipio
Viale Mazzini
Tel. 55 11 33

Museen
Museo della tecnologia contadina
(Museum der Landwirtschaft)
Via Teodato Meloni, 2
Tel. 55 06 17

ÜBERNACHTEN

Pensione Malica
Ortsteil San Leonardo de
Siete Fuentes
Via Macomer, 5
Tel. 55 07 56

ESSEN

La bocca del vulcano
Via Alagon, 27
Tel. 55 09 74
Kein Ruhetag

EINKAUFEN

Käse

Giovannangelo Piu
Via Cambosu, 17
Totoni Piu
Viale Azuni, 199

HANDWERK

Messer, Schmiedeeisen

Vittorio Mura & fegli
Viale Azuni, 29
Tel. 55 07 26

Fratelli Salaris
Viale Azuni, 183

Raimondo Soru
Viale Azuni, 2
Tel. 55 09 71

Holzmöbel

Giovanni Ardu
Via delle Sorgenti, 5
Tel. 55 09 57

Ein Volk zu Pferd

Aus einem von dem Historiker Francesco Cesare Casula auf 1102 datierten Dokument geht hervor, welche Bedeutung die Pferdezucht bereits für die Richter von Arborea hatte, denn hier werden ein *maiore de caballos* und ein *maiore de ebbas* erwähnt, die zu den hohen Beamten des Hofes zählten. Die Gestüte befanden sich wahrscheinlich in den Kuratorien von Usellus und der Barbagia, also in Grenzregionen, die militärisch und ökonomisch von strategischer Bedeutung waren. Auch in der Carta de Logu ist praktisch jeder Aspekt der Züchtung und Nutzung des Pferdes berücksichtigt; es finden sich darin zum Beispiel strenge Vorschriften in bezug auf die Eigentums- und Weiderechte sowie über die Pflichten des persönlich mit der Pferdezucht Beauftragten. Insbesondere ging es auch um die Kennzeichnung der Tiere zum Schutz vor dem damals schon weitverbreiteten Viehraub, der aber nicht einmal durch die Androhung grausamer körperlicher Züchtigungen aus der Tradition des ländlichen Sardinien getilgt werden konnte. Dieselbe Carta verbot darüber hinaus bei Androhung schwerer Geldstrafen die Ausfuhr von Pferden über die Grenzen des Judikats. In einer Zeit, die von den langen kriegerischen Auseinandersetzungen mit den Katalanen-Aragoniern gekennzeichnet war, war dieses Gesetz offensichtlich militärisch begründet, da das Pferd damals noch bei Angriff und Verteidigung unentbehrlich war.

Den Aragoniern selbst war nach der Eroberung Sardiniens sehr wohl bewußt, daß es sich eine Macht, die im Mittelmeerraum an mehreren Fronten Krieg führte, nicht leisten konnte, die Kontrolle über die Pferdezucht aus der Hand zu geben. Deshalb ließ Alfons von Aragonien mit dem königlichen Gesetz vom 9. Mai 1442 den Export jedes Pferdes hoch besteuern.

Auf die Zeit der Spanier geht auch die Gründung der Tanca Regia zurück, eines königlichen Gestüts in der Gegend von Paulilatino. Auf den 1. März 1401 datiert ist die Ernennungsurkunde des ersten Administrators der Tanca, eines gewissen Giuliano Scalas. In den drei Jahrhunderten unter spanischer Leitung war dann die Tanca Regia, wenn auch mit wechselndem Schicksal, eines der fortschrittlichsten Gestüte in ganz Europa. Zur Zeit der Savoyer wurde es wiederbelebt: Das hohe Ansehen der sardischen Rasse verbreitete sich, und einige besonders schöne Exemplare wurden den Herrschern

von Portugal und Marokko sowie Napoleon Bonaparte zum Geschenk gemacht. Heute hat sich die Tanca Regia zu einem Zentrum für Auswahl und Züchtung von Pferderassen und für Molekulargenetik entwickelt.
Die Tatsache, daß sich die italienische Region Sardinien so intensiv mit Pferden beschäftigt, braucht niemanden zu verwundern: Im heutigen Engagement der Verwaltungseinheit Sardinien spiegelt sich nur die enge Beziehung wider, die von jeher zwischen den Sarden und den Pferden bestanden hat. Diese uralte Beziehung ist schon deswegen so innig, weil in dieser Gesellschaft von Bauern und Hirten das Pferd einfach unentbehrlich war. Während das Pferd in den Gegenden, in denen Getreide angebaut wurde, fast ausschließlich als Zugtier eingesetzt wurde, diente es bei den Hirten, die oft weite Strecken zurücklegen mußten, vor allem als Reit- und Packtier. Daß es in beiden Gesellschaften eine sehr wichtige Rolle spielte, beweist auch die Tatsache, daß alle oder fast alle Feste der Schutzheiligen der Dörfer von alters her mit einem Pferderennen gekrönt wurden, bei denen die Sieger Preise von beträchtlichem Wert, vor allem Brokat- oder gold- und silberbestickte Samtstoffe, gewinnen konnten.
Die Leidenschaft für die Pferde schlägt sich in der Provinz Oristano auch in einem bis heute blühenden Handwerk »rund ums Pferd« nieder. Hier werden Sättel, Ledergeschirr, Zügel, Hufeisen und die typischen Sporen hergestellt. Seit Jahrhunderten fast unverändert blieben Ablauf und Rituale der hier so beliebten Reiterspiele: Der Sternritt der

Momentaufnahme von sa carrela 'e nanti in Santu Lussurgiu.

Sartiglia von Oristano, die Ardia von Sédilo zu Ehren des »heiligen« Konstantin und *sa carrela 'e nanti* von Santu Lussurgiu. Dies sind nur die bekanntesten. Allerlei Reiterkunststücke werden im April in Scannu Montiferru und in Paulilatino gezeigt (zu Ehren der Madonna d'Itria), in den ersten zehn Tagen des Monats Mai in Santa Caterina di Pittinuri, in den ersten Julitagen zu Ehren der Santa Maria della rosa in Séneghe, in Ghilarza in den ersten zehn Tagen des Monats Juli zu Ehren von San Palmerio, in Abbasanta Ende Juli zu Ehren des heiligen Augustin und in Samugheo in den ersten Septembertagen zu Ehren von San Basilio.

derennen mit kostümierten Reitern veranstaltet. Es handelt sich um das currere a *caddu in sa carrela 'e nanti* (etwa: »mit dem Pferd auf der Straße vorwärtsreiten«). Die Kunst besteht darin, auf der gefährlich gewundenen Straße zu zweit oder zu dritt nebeneinander zu galoppieren.

In der Via Roma lohnt sich ein Besuch im Museo della tecnologia contadina (Eingang: Via Teodato Meloni 2). Man muß sich allerdings bei Maestro Salis, allgemein als Mastru Salis bekannt, dem Initiator und Kurator des Museums, telefonisch anmelden. In dem Herrenhaus

aus dem 18. Jahrhundert sind mehr als 1400 Objekte – vor allem Arbeitswerkzeuge und andere Gegenstände des täglichen Gebrauchs – untergebracht.

Von Santa Lussurgiu fahren wir über Abbasanta, ein ziemlich gesichtsloses Dorf, nach **Ghilarza**, dem wichtigsten Warenumschlagplatz der Gegend. Die Altstadt, die im wesentlichen aus zwei fast parallel verlaufenden Straßen besteht, macht einen gewichtigeren Eindruck als die der anderen Städtchen in dieser Gegend: Wieder sind die meisten Bauwerke aus dem typischen sehr dunklen, fast schwarzen Trachyt, der den Gebäuden aus unterschiedlichen Epochen und verschiedenen Stilrichtungen eine gewisse Zusammengehörigkeit verleiht. Man kann hier sogar einige originelle Jugendstilbeispiele finden, wie etwa das bizarre Schlößchen am Ende der Via Umberto, das mit seiner Schmalseite auf

Das aus dem typischen lokalen Stein erbaute Kirchlein San Palmerio in Ghilarza stammt aus dem frühen 13. Jahrhundert.

den Kirchplatz blickt. Ebenfalls in der Via Umberto steht Antonio Gramscis Haus, heute ein Museum (Via Umberto 57, geöffnet von 9 bis 12 Uhr und von 16 bis 19 Uhr; in der benachbarten Tabaccheria wird man Ihnen gern nähere Auskünfte geben). Wenn wir von der Via Umberto zur Friedhofsallee hinaufgehen, gelangen wir in den interessantesten Teil des Dorfes, in dem das Kirchlein San Palmerio und der benachbarte Turm aus dem 15. Jahrhundert zu bewundern sind. Die zwischen 1200 und 1225 errichtete Kirche San Palmerio hat eine schöne, in drei Bogen gegliederte Fassade, ihre Seiten sind mit Schwebebogen verziert. Der schwarze Trachyt von Ghilarza kommt hier besonders gut zur Geltung, weil er, dem Pisaner Stil entsprechend, mit einem weißlichen Stein kombiniert wird; der hier und da eingestreute rote Trachyt verleiht dem Ganzen eine etwas rustikale Note.

Der mächtige Turm aus dem 15. Jahrhundert, der früher als Gefängnis diente, ist ein schönes Beispiel für die katalanische Militärarchitektur. Nach seiner Renovierung wurde der Turm in ein Kulturzentrum umfunktioniert, an einer Seite aber leider durch eine häßliche Zugangstreppe aus Beton verunstaltet. Vor dem Turm können wir, während wir auf der Terrasse einer Bar eine Erfrischung zu uns nehmen, das sich weit ausdehnende Panorama genießen.

In allernächster Nähe von Ghilarza befindet sich **Norbello,** das vor allem wegen des schwarzen Trachyts interessant ist. Mehr als an vielen anderen Orten wird hier liebevoll und umsichtig mit der Tradition umgegangen. Bei der Sanierung der Altstadt wurde überwiegend Trachyt verwendet, bis hin zu den Pflastersteinen für den Kirchenvorplatz (vor der Kirche befinden sich übrigens auch einige lustige Wandmalereien mit Geschichten aus dem Leben des Christoph Kolumbus). Sehr schön ist die Allee, die hinter der Kirche am Dorf entlangführt und ebenfalls ganz mit Trachyt gepflastert ist. Von Ghilarza kann man zum Lago Omodeo hinunterfahren, der nach seinem Planer, dem Ingenieur Angelo Omodeo, benannt wurde. Der künstliche See entstand zwischen 1918 und 1924, als das Wasser des Tirso durch den Bau des 270 Meter langen und 70 Meter hohen Staudammes von Santa Chiara aufgestaut wurde. Seither dient der Stausee zur Stromerzeugung und zur Bewässerung der Ebenen von Oristano und von Arborea. Der Lago Omodeo hat eine Länge von etwa 20 Kilometern und eine Breite von etwa drei Kilometern und ist damit der größte Stausee Italiens (und war lange Zeit auch der größte in ganz Europa). Dank seiner unregelmäßigen Uferlinie fügt er sich sehr gut in die wilde und einsame Landschaft ein. Im Wasser versanken damals das alte Dorf Zuri, etwa fünfzehn Nuraghen, drei Gigantengräber und ein versteinerter Wald aus dem Miozän, der leider von Steinräubern zerstört wurde; doch wenn der See auszutrocknen beginnt, kommen die Reste seiner fossilierten Baumstämme zum Vorschein. Das erste Dorf, in das man, aus Ghilarza kommend, auf dem Weg zum See gelangt, ist **Tadasuni.** Hier kann man Rast machen und das kleine, sehr originelle Museo degli stru-

TIPS & INFOS
Ausführliche Informationen finden Sie auf Seite 129f.

GHILARZA

37 Kilometer von Oristano
Einwohner: 4480
Höhe: 290 m ü.d.M.
Postleitzahl: 09074
Vorwahl: 0785

Informationen

Municipio
Via Matteotti, 62
Tel. 5 20 78

Museen

Museo Gramsci
Via Umberto, 57
Öffnungszeiten: 9 bis 12 Uhr
und 16 bis 19 Uhr

ÜBERNACHTEN

Su Cantaru
Via Monsignor Zucca, 2
Tel. 5 45 23

ESSEN

Al Marchi
Via Concezione, 1
Tel. 5 22 80
Dienstags geschlossen

NORBELLO

38 Kilometer von Oristano
Einwohner: 954
Höhe: 315 m ü.d.M.
Postleitzahl: 09070
Vorwahl: 0785

Informationen

Municipio
Piazza Municipio
Tel. 5 10 51

TADASUNI

41 Kilometer von Oristano
Einwohner: 258
Höhe: 180 m ü. d. M.
Postleitzahl: 09080
Vorwahl: 0785

Informationen
Municipio
Via San Michele
Tel. 5 00 47

Museen
**Museo degli
strumenti musicali**
Via Adua, 7
Tel. 5 01 13
Öffnungszeiten: von April
bis September 9 bis 12 und
16 bis 18 Uhr
Samstags und sonntags
geschlossen
Von Oktober bis März nach
Vereinbarung

menti musicali sardi besichtigen, das auf die Initiative des Pfarrers Giovanni Dore zurückgeht. Dieser Landpfarrer hat über zwanzig Jahre lang die Gegend regelrecht durchkämmt und ihre Volksfeste erforscht. Auf diese Weise hat er eine absolut einmalige Sammlung zusammengetragen, die aus 360 Exemplaren von 75 verschiedenen sardischen Musikinstrumenten besteht. Das bedeutendste und älteste Stück ist eine *launedda,* ein Blasinstrument aus Schilfrohr, und das unheimlichste ein *trimpanu,* eine Trommel aus ganz feinem Hundeleder: Nur verhungerte Tiere konnten ein so dünnes Fell liefern! Das Museum ist von April bis September jeden Tag (außer Samstag und Sonntag) von 9 bis 12 und von 16 bis 18 Uhr geöffnet. In den übrigen Monaten ist eine telefonische Anmeldung unter 07 85/501 13 möglich.

Hinter dem Staudamm von Santa Chiara kann man, wenn man weiter nach rechts fährt, einige Novenari besichtigen. Am interessantesten ist das dem heiligen Serafino geweihte; es liegt an einem Hang, der über den See blickt. Hier sieht man auch die *cumbessias* (Pilgerunterkünfte), die rund um die Kapelle wie auf Stufen angeordnet sind. Die eigenartige, ein wenig verwunschene Atmosphäre, die über solchen fast das ganze Jahr über verlassenen Dörfern liegt, wird im Fall von **San Serafino** durch die Umgebung noch weiter verstärkt: Die Ufer des Sees sind hier besonders steil und wild, die Straße ist menschenleer, und ringsum herrscht tiefe Stille. Die Häuschen werden von den Besitzern gepflegt, sind aber auch alle trostlos leer. Der Besucher verspürt schon bald ein gewisses Unbehagen und die Lust, sich wieder unter

In Norbello – einem Ort, in dem dunkle Farben dominieren, vor allem der schwarze Trachyt, der sogar für die Pflasterung des Kirchplatzes verwendet wurde – findet man diese farbenfrohe Wandmalerei mit einer naiven Darstellung der Unternehmungen des Christoph Kolumbus.

Menschen zu mischen. Turbulent geht es hier allerdings am 24. Oktober zu, dem Festtag des Heiligen, wenn ganze Schwärme lärmender Gläubiger den Zauber des langen Schweigens brechen.

Von San Serafino kehren wir über die Pässe zurück und fahren hinter Tadasuni noch zwei Kilometer weiter nach **Zuri**. Schon von der Straße aus erkennt man die rote Apsis der Kirche San Pietro. Bevor das alte Dorf, das früher unten im Tal gelegen war, im Wasser des Stausees versank, wurde die Kirche abgetragen und in ihrer ursprünglichen Gestalt mit denselben roten Trachytsteinen auf dem Hochplateau wieder aufgebaut. Aus einer Inschrift auf der Fassade erfahren wir, daß sie von Anselmo da Como unter der Herrschaft des Richters Mariano II. d'Arborea im lombardisch-romanischen Stil errichtet wurde. Von demselben Künstler sollen auch die Reliefs, insbesondere auf dem Architrav, stammen, wo man rundliche Figuren von Heiligen und Phantasietieren erkennen kann. Auf einem Kapitell in der Apsis ist der typische sardische Rundtanz, der *ballu tundu*, dargestellt. Auf dem Platz neben der Kirche mit den großen Stufen aus demselben roten Stein kann man über den ganzen See blicken, der sich hier von seiner schönsten Seite zeigt.

Von Zuri kann man, wenn man wieder nach Ghilarza kommt, die Abzweigung nach **Sédilo** nehmen. Der Ort liegt ebenfalls am Lago Omodeo. In der Kirche San Costantino wird am 6. und 7. Juli die berühmte *s'Ardìa* abgehalten. Die im Ortsteil **Santu Antine** gelegene Kirche steht auf einem Bergrücken der Hochebene, die über dem Nordufer des Sees aufragt. San Costantino wurde 1789 auf den Ruinen der aus dem 7. Jahrhundert stammenden Kirche neu erbaut. Die Fassade weist Verzierungen aus rotem Trachyt auf; die Fülle an Votivbildern im Inneren bestätigt, wie beliebt diese Kirche bei der lokalen Bevölkerung ist. Es ist nicht zu übersehen, daß hier ein Pferderennen veranstaltet wird: Schon auf der Allee, die um Sédilo herumführt, sieht man die Reiterstatue von Santu Antine; beim Näherkommen kann man dann die rund um die Kirche führende, von großen Prellsteinen markierte Piste deutlich erkennen. Einen größeren Stein

SÉDILO

47 Kilometer von Oristano
Einwohner: 2628
Höhe: 283 m ü. d. M.
Postleitzahl: 09076
Vorwahl: 0785

Informationen
Municipio
Piazza San Giovanni
Tel. 5 90 28

Der Glockenturm der Kirche San Pietro in Zuri, der abgetragen und wiederaufgebaut wurde, ehe das alte Dorf im Lago Omodeo versank.

Die Reiter des heiligen Konstantin

In der Nähe von Sédilo wird um die Kirche San Costantino, einen der am meisten verehrten und berühmtesten Wallfahrtsorte der Insel, alljährlich am 6. und 7. Juli die Ardia abgehalten.

Unter einer Ardia versteht man im allgemeinen ein rasantes Pferderennen um eine Kirche herum; die Teilnehmer tragen dabei die Fahnen mit dem Bild des von ihnen gefeierten Heiligen. Die berühmteste Ardia Sardiniens wird hier veranstaltet, aber in vielen anderen Dörfern werden ähnliche Reiterfeste abgehalten. Wie lebendig gerade in Sédilo die Liebe zum Pferd ist, bezeugt ein merkwürdiger Brauch: Der Priester, der Pfarrer von Sédilo werden will, muß reiten können.

Wörtlich heißt Ardia »Wache«, im Sinne eines Beschützers. In diesem Fall symbolisieren die Reiter die kaiserliche Garde Konstantins, denn der heilige Konstantin, sardisch Santu Antine, ist niemand anderer als der berühmte Kaiser Konstantin, der das Christentum zur Staatsreligion erklärte, von der Kirche selbst aber niemals heiliggesprochen wurde. Die Verehrung des Kaisers, die auch in Sizilien und Kalabrien weitverbreitet ist, geht zweifellos auf die Herrschaft der Byzantiner zurück, für die Konstantin als *isapostolos,* »Apostel«, galt.

Der Anführer des Wettrennens, *sa pandela madzore* (»die größte Fahne«) genannt, wird von zwei weiteren *pandelas* eskortiert und hat die Aufgabe, schneller als der Schwarm der Reiter zu reiten, die den drei *pandelas* folgen und versuchen müssen, diese zu überholen. Dabei kommt es zu einem höchst gefährlichen Ritt durch die engen Gäßchen des Wallfahrtsortes, die an diesem Tag von Menschen überquellen: Auf diese Weise wird der Schutz symbolisiert, der der Fahne des Heiligen gebührt. Der Name des Anführers wird in ein altes Register eingetragen, das im Pfarrhaus aufbewahrt wird. Es handelt sich gewöhnlich um eine Person, die ein Gelübde einlösen möchte, wie jenen Gutsbesitzer aus Scannu Montiferru, der einst von den Sarazenen entführt und auf wunderbare Weise von Santu Antine befreit wurde, zu dessen Ehren er dann die Wallfahrtskirche errichtet haben soll. Anderen Quellen zufolge soll *s'ardia* noch eine andere Bedeutung haben, die mit einer Bußübung zu tun hat: Tatsächlich gehen die Gläubigen, bevor sie die Konstantin geweihte Kirche betreten, einmal um das Gebäude herum und bitten um Vergebung für ihre Sünden; ähnliche Bußrituale gibt es auch in anderen sardischen Orten.

Am folgenden Morgen wird die Ardia, an der die männliche Dorfjugend teilnimmt, zu Fuß abgehalten. Obwohl jetzt die Zuschauermengen und die Pferde fehlen, geht auch von dieser Manifestation des Glaubens und der seit Jahrhunderten hier verwurzelten Tradition eine besondere Faszination aus.

findet man inmitten der Stufen neben der Kirche: Es handelt sich um einen nuraghischen Monolith, *sa perda fitta:* Der Legende nach soll es sich ursprünglich um eine Frau gehandelt haben, die in einen Stein verwandelt wurde, weil sie dem Heiligen nicht genügend Respekt erwiesen hatte.

Zurück nach Ghilarza, fahren wir drei Kilometer weiter zu der Ausfahrt, die nach Abbasanta führt. An der Kreuzung mit der Carlo Felice fahren wir an der Überführung vorbei, und am Ende der Rampe – achten Sie bitte genau auf die Hinweisschilder! – befinden wir uns direkt vor der Nuraghe **Losa**, einem der bedeutendsten prähistorische Monumente Sardiniens.

Der wuchtige äußere Ring mit den leicht gekrümmten Mauern und den beiden Türmen mit doppeltem Eingang wirkt faszinierend. Wahrscheinlich kann nur derjenige, der zu Fuß hierherkommt, die Dimensionen dieser Anlage richtig erfassen, denn die Nuraghen fügen sich so gut in die Landschaft ein und passen sich so perfekt an ihre natürliche Umgebung an, daß man sich des Volumens und der Höhe der Bauten zuerst gar nicht recht bewußt wird. Aus der Nähe betrachtet aber wird der überwältigende Charakter dieser primitiven Burgen offenkundig: Sie sind uneinnehmbar und perfekt gegen die Außenwelt abgeschottet. Diese Nuraghe von Losa, die schwarz ist wie ein Panzerkreuzer, der auf geheimnisvolle Weise in dieser mit Korkeichen und Sträuchern bewachsenen Ebene gestrandet ist, ist ein wahres Denkmal der Angst, ein mächtiges Zeugnis der Beklemmung, die die Menschen jener Zeit vor dem Unbekannten, vor dem Anderen empfunden haben müssen. Noch heute bestimmen abweisender Stolz und Mißtrauen gegenüber allem Fremden ganz anders als bei den meisten anderen Südländern Denken und Handeln der Sarden.

Der älteste Teil der Nuraghe stammt aus der Mittleren Bronzezeit (zwischen dem 14. und dem 13. Jahrhundert v. Chr.) und besteht aus einem zweistöckigen Turm mit übereinanderliegenden zentralen Räumen und einem

Mit seinen zwanzig Kilometer Länge und drei Kilometer Breite ist der Lago Omodeo der größte Stausee Italiens.

Deckengewölbe aus konzentrischen, sich nach oben verjüngenden Quaderringen. Im inneren Raum, in dessen einer Wand sich drei Nischen öffnen, sind die Schlußsteine des Gewölbes beweglich; so konnte der Lichteinfall reguliert werden. Über eine Wendeltreppe im Eingangsbereich gelangt man in den oberen Raum und zu der Terrasse, die über die Ebene blickt. Dieser älteste Teil wurde Ende des 1. Jahrtausends in eine dreieckige, mit drei Türmen versehene Bastion einbezogen. Zwei dieser Türme erreicht man über Seitengänge, die gleich hinter der Eingangstür auf den zentralen Korridor münden. Zum dritten Turm gelangt man über eine Galerie, die von der Terrasse ausgeht. Zwei weitere Türme mit Schießscharten, die durch eine mächtige Mauer miteinander verbunden sind, schützen den hinteren Teil der Anlage, während der Haupteingang von einem Turm mit zwei Eingängen bewacht wird. Ein breiterer, von Mauern umgebener Bezirk schützte dann das ganze umliegende Dorf, von dem noch Spuren zu sehen sind. Rechts von der Zufahrtsstraße befinden sich die Überreste einer römischen Nekropole, die beweisen, daß der Ort lange Zeit bewohnt war. Außerhalb der Mauern sieht man auch die Reste eines Brunnenheiligtums aus der Zeit zwischen dem 9. und 8. Jahrhundert v. Chr. Zur Bewachung des ganzen, äußerst bedeutsamen archäologischen Geländes dient ein kleines Antiquarium, dessen Wärter gern Auskünfte erteilt.

Nach der Besichtigung der Nuraghe Losa fahren wir einige Kilometer auf der Statale 131, der Carlo Felice, weiter in Richtung Oristano. Die Strecke führt uns jetzt über das von den äußersten Ausläufern des Montiferru gebildete Lavaplateau, vorbei an Eichen und Oleasterbüschen. Hinter **Paulilatino** weisen – bei Kilometer 115 – die gelben Schilder auf den Nuraghenkomplex von **Santa Cristina** hin, der heute als der interessanteste der ganzen Insel gilt. Die Ortschaft ist nach einer kleinen, der Heiligen geweihten Kirche benannt, um die herum

Die Nuraghe Losa gehört zu den wichtigsten prähistorischen Monumenten von ganz Sardinien: Der älteste Teil geht bis auf die Bronzezeit zurück.

Die Kunst des Brotbackens

Brot ist für die Sarden mehr als nur ein wertvolles und unentbehrliches Nahrungsmittel: Es ist das *sacru alimentu,* mit dem verschiedene Rituale verbunden sind, deren Geschichte bis in die graue Vorzeit zurückreicht. Sie umfassen Auswahl und Zubereitung des Getreides und der Mehlsorten und die aufwendige Herstellung der Teige. Dann kommen Inspiration und Phantasie der Hausfrauen ins Spiel, unter deren geschickten Händen der Teig die merkwürdigsten Formen annimmt. Es gibt die alltäglichen Kleiebrote, die heute das Herz jedes Makrobiotikfans höher schlagen lassen würden, aus gröberem Mehl hergestellte Brote sowie Fladen, die manchmal gebrochen und erneut in den Holzofen geschoben werden und sich so in Zwiebackbrot *(pistoccu)* verwandeln. Und außerdem noch die Brote aus feinem weißem Mehl für Feiertage oder besondere Anlässe, die etwa zu Ehren des Schutzheiligen, zu Weihnachten, Ostern, Allerheiligen oder für Familienfeste wie Geburten, Hochzeiten oder Promotionsfeiern gebacken werden.

Oft wird der Teig mit seltsamen kleinen Küchenutensilien kunstvoll ausgestochen. Zu Ostern bereitet man zum Beispiel die *cocorrois* in Form von Hühnereiern zu, während man für das Fest des heiligen Isidor, des Schutzpatrons der Bauern, Früchte formt, mit denen man sich für das ganze Jahr eine reiche Ernte wünscht. Es werden auch Tiere, Szenen aus dem Landleben oder religiöse Elemente aus Teig angefertigt. In einigen Regionen erhält das Brot durch eine Spezialbehandlung eine glänzende Rinde, indem man es ofenfrisch sofort in heißes Wasser taucht und dann für ein paar Minuten noch einmal in den Ofen schiebt oder indem man es mit etwas Eierschaum bepinselt. In jedem Fall verwendet man für die Befeuerung des Ofens die wohlriechenden Hölzer der Mittelmeermacchia.

Brot ist auch traditioneller Bestandteil mancher gastronomischer Spezialitäten. Gelegentlich verwendet man einfach die Teigreste, zum Beispiel für die *gerdas*-Fladen, mit Grieben gefüllte Teigstücke. Früher aß man auch oft *su pane frissu in sa petta imbinada:* Altbackenes Brot wurde in aromatisierten Wein getunkt, in dem zuvor Schweinefleisch – als Rohmaterial für Würste – mariniert worden war, und ausgebraten. Einfache, jahrhundertealte Speisen, die die Gastronomie des Oristanese wieder in ihr Repertoire aufnehmen könnte.

TIPS & INFOS
Ausführliche Informationen finden Sie auf Seite 134

PAULITANO

28 Kilometer von Oristano
Einwohner: 2776
Höhe: 280 m ü. d. M.
Postleitzahl: 09070
Vorwahl: 0785

Informationen
Municipio
Viale della Libertà, 33
Tel. 5 56 23

EINKAUFEN

Brot
Giuseppina Vidili
Via Santa Lucia, 3

KUNSTHANDWERK

Holzarbeiten
Francesco Demurtas
Via Cavour, 6
Tel. 5 55 30

die *muristenes* für das Novenario einen breiten, von üppigen Olivenbäumen angenehm beschatteten Platz bilden. Hier begegnet man auch wieder einer typischen Konstanten vieler ursprünglich heidnischer Kultstätten: Sie wurden in christlicher Zeit nach einem Heiligen benannt und einfach weiter als sakraler Ort genutzt. Die Existenz eines im Besitz der Kamaldulensermönche von Santa Maria di Bonàrcado befindlichen Kirchleins ist seit dem 13. Jahrhundert belegt. Das Gebäude in seiner heutigen Gestalt ist das Ergebnis zahlloser Umbauten: Große Veränderungen erfuhr vor allem die Fassade, die im zwanzigsten Jahrhundert restauriert wurde. Doch die mittelalterlichen Strebepfeiler an der einen Seite sind erhalten geblieben.

Wenn man von dieser Seite des Platzes aus etwa 50 Meter weitergeht, gelangt man in das Herz des alten Heiligtums, das aus einem Brunnentempel und dem dazugehörigen Dorf besteht. Der Bau des Tempels ist von außen an seiner elliptischen Einfriedung erkennbar, die eine Mauer einschließt, deren Form vage an die eines Türschlosses erinnert; im Inneren öffnet sich der tra-

Der alte Sakralkomplex von Santa Cristina besteht aus einem vollständig erhaltenen Brunnenheiligtum und einem Dorf aus der Zeit um 1000 v. Chr.

pezförmige Treppenraum, der in die ausgezeichnet erhaltene unterirdische Zella führt. Dies ist der wirklich überraschende Teil des Bauwerks, und zwar nicht nur, weil er so gut erhalten ist, sondern weil er bereits einen so hohen technischen Standard aufweist – wirklich außergewöhnlich für einen Bau aus der Zeit um 1000 v. Chr. Die Wände sind aus perfekt behauenen Basaltsteinen gebaut. Sie sind in sukzessive zurückweichenden Reihen angeordnet und elegant mit der abgestuften Decke verbunden, die sich zur Zella hin verengt. Diese hat einen runden Grundriß und ist von einer perfekten falschen Kuppel überwölbt, die aus in Spiralform aufgelegten Steinquadern besteht. In der Mitte der »Kuppel« ist eine runde Öffnung angebracht, die auch von außen sichtbar ist.

Auf dem Fußboden, der aus geglättetem Felsgestein besteht, befindet sich der eigentliche Brunnen; er ist dem Kult des Wassers geweiht, das noch heute aus den Hohlräumen der unteren Schichten tröpfelt: Hier verehrte man die Muttergöttin, die im ganzen Mittelmeerraum bekannte Gottheit der Fruchtbarkeit. Wenn man sich diesem Brunnen nähert, wird man von dem Gefühl zu schweben überwältigt. Durch die Wirkung der sozusagen auf dem Kopf stehenden, von der Decke herabführenden Treppe (ein optisches Spiel, das eines M. C. Eschers würdig wäre oder, besser gesagt, Escher hätte inspirieren können …) wird der Blick automatisch in die Tiefe, zum magischen Urgrund des Brunnens, gezogen. Am besten sollte man an einem Tag hierherkommen, an dem nur wenige Menschen da sind und man sich dem Brunnen in der Stille nähern kann: Wenn man die Stufen hinuntersteigt, hat man wirklich das Gefühl, in die Vergangenheit hinabzusteigen …

Aber hier sind immer viele Leute, heute wie damals. Die zahlreichen Pilger früherer Zeiten fanden in den Hütten des Dorfes Unterkunft, dessen Ruinen noch rund um den Tempel sichtbar sind. Der wichtigste Raum ist sicherlich der der großen Rundhütte (die wir uns, wie alle anderen, mit einem kegelförmigen, mit Baumstämmen

Das Gigantengrab von Goronna, in der Nähe von Paulilatino, diente in der Nuraghenzeit als kollektive Grabstätte.

*Von den insgesamt sechs Natur-
parks auf der Insel Sardinien
liegen zwei in der Provinz
Oristano: der Sinis-Montferru-
und der Monte-Arci-Park. Die
Entscheidung hierfür beruhte
zum großen Teil auf dem
Reichtum der botanischen
Besonderheiten. 23% der auf
der Insel vertretenen Endemismen finden sich im Gebiet der
Provinz Oristano. Von den 43
endemischen sardischen Pflanzen kommen einige sogar ausschließlich in dem Oristanese
vor:* Helantemius caput-felis
*(ein Zistrosengewächs, das auf
italienischem Boden nur auf
Capo Mannu wächst),* Polygala
sinisica, Limonium cornusia-
num, Limonium lausianum
und Limonium tenuifolium.
*Zu den anderen endemischen,
nicht nur in dieser Provinz
vorkommenden Arten gehört
vor allem* Anchusa littorea
moris, *ein sardischer Endemismus, der nicht weiter nördlich
als Is Arenas gedeiht. Auch eine
Leimkrautart,* Silene morisiana
*– ein anderer Endemismus, der
ausschließlich in Sardinien anzutreffen ist –, wächst in der
Provinz Oristano.* Micromeria
filiformis *ist zwar ein Endemismus der Balearen und der
Inseln Sardinien und Korsika,
kommt aber nur an einigen
Stellen auf der Sinis-Halbinsel
vor. Bemerkenswert sind auch*
Coris monpeleiensis, *ein
Primelgewächs, das in Sardinien ausschließlich auf der
Sinis-Halbinsel gedeiht, und*
Ameria pungens, *die in Italien
nur auf dieser Insel vorkommt.
Auf dem Bild sehen Sie einen*
Astraeus hygrometricus.

und Zweigen zugedeckten Dach vorstellen müssen). Im Inneren des Raumes befindet sich eine Sitzbank, die sich an der ganzen Wand entlangzieht; vielleicht saßen hier die Vorsteher der verschiedenen nuraghischen Gemeinden, um sich anläßlich des Besuchs des Heiligtums miteinander zu beraten. Der Schutz des Heiligtums war gewährleistet durch eine Einfriedung und vier Nuraghen, von denen nur die Fundamente erhalten geblieben sind; eine weitere, perfekt erhaltene Nuraghe befindet sich

dagegen auf der anderen Seite der Piazzale di Santa Cristina. Sie besteht nur aus einem einzigen Turm und ist fünfhundert Jahre älter als der Brunnen – ein Beleg dafür, daß dieser Ort schon sehr früh frequentiert wurde. Aus derselben Zeit stammen andere Nuraghen und einige in der Gegend verstreut liegende Gigantengräber. In der Nähe der Nuraghen findet man auch eine einzigartige längliche Hütte, die vielleicht einmal als Unterstand für Tiere diente.

Denjenigen, die das Areal von Santa Cristina mit Gewinn besichtigen möchten, empfehlen wir, sich an die Führer der Cooperativa di giovani zu wenden. Sie können in der Bar am Eingang des Areals kontaktiert werden.

Nach diesem Rundgang kehren wir über die Carlo Felice nach Oristano zurück.

Die Agrumenpflanzungen von Milis und die Madonna von Bonórcado

Von Oristano kann man über die Campidano-Ebene und die Südosthänge des Montiferru nach Santu Lussurgiu hinauffahren; die Straße führt durch sehr abwechslungsreiche Landschaften, unter anderem auch durch das typische Gebiet der *agrumeti,* »Agrumenpflanzungen«, von Milis. Man kommt aber auch an einigen romanischen Kirchen vorbei, insbesondere an der Wallfahrtskirche von Bonaccatu, die zu den berühmtesten von ganz Sardinien zählt.

Auf der Statale 292 folgen wir hinter Riola Sardo den Hinweisschildern nach S**an Vero Milis.** Ungefähr einen Kilometer vor San Vero sieht man rechts die imposanten Ruinen der noch nicht ausgegrabenen Nuraghe S'Uraki, zu der zehn Türme aus vieleckigen Basaltblöcken gehören.

San Vero hat mit seinen vielen Lehmhäusern die charakteristische Physiognomie der alten Dörfer in der Ebene bewahrt. Sehr hübsch sind die Pfarrkirche Santa Sofia und der vor ihr gelegene kleine gartenartige Platz. In diesem Städtchen gibt es aber darüber hinaus noch einige malerische Winkel, die zum Verweilen einladen.

Wir fahren weiter nach **Milis:** Die Straße führt an den Agrumenpflanzungen vorbei, die die Einwohner von Milis früher einmal berühmt gemacht haben. Tatsächlich wurde der Verkäufer von Zitrusfrüchten, der mit seinem Karren und den zylindrischen Weidekörben, den *cadinus,* überall anzutreffen war, *su milesu* genannt.

Es waren die Kamaldulenser mit ihrem Sitz in Bonórcado, die sich im 13. Jahrhundert das milde Klima und den Wasserreichtum des Riu Mannu zunutze machten und mit dem Anbau von Zitrusfrüchten begannen. Von der Präsenz der fleißigen Mönche zeugt zum einen eine historische Plantage, der Ortu de Is Paras, mit seinem majestätischen Portal, zum anderen die schöne Kirche San Paolo. Der untere, im romanischen Stil erbaute Teil der Kirche erinnert an Santa Giusta; im oberen wechseln sich Kalkstein- und Basaltbänder miteinander ab. Im Ortskern fällt der rötliche Palazzo Boyl ins Auge, benannt nach der berühmten Familie katalanischer Herkunft, die ihn Anfang des 19. Jahrhunderts errichten ließ und dort viele berühmte Gäste beherbergte, darunter auch Balzac, D'Annunzio und die sardische Literatur-Nobelpreisträgerin

*Ausgangs- und
Zielort:*
ORISTANO

Länge:
60 KM

*Voraussichtliche
Dauer des Ausflugs:*

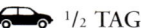 ¹/₂ TAG

Grazia Deledda. Heute befindet sich der Palazzo im Besitz der Kommune Milis und soll einmal als Kulturzentrum dienen. Sein gepflegter Zustand beweist, daß die Bürger von Milis sich ein Bewußtsein für die eigene Geschichte bewahrt haben, das auch in der sorgfältigen Erhaltung der Altstadt mit den kleinen basaltgepflasterten Gassen seinen Ausdruck findet. Dasselbe gilt für die mit bearbeiteten Zugangsstufen und Pfosten verschönerten Steinhäuser und die Portale der Bauernhöfe.

Von Milis fahren wir weiter nach Bonórcado, das auf den äußersten Ausläufern des Montiferru gelegen ist. Am Ende des Dorfes befindet sich der Komplex von Santa Maria mit dem Baptisterium der Madonna di Bonaccatu. Bei neueren Restaurierungsarbeiten sind hier die Überreste eines Kamaldulenserklosters, Fundstücke aus der Nuraghenzeit sowie Zeugnisse aus der Römerzeit zum Vorschein gekommen. Auch die ersten Spuren der christlichen Kirche sind sehr alt: Das ursprüngliche Fußbodenpflaster des Baptisteriums stammt aus der Zeit um 400 n. Chr.; der Grundriß in Form eines griechischen Kreuzes erinnert an die byzantinische Architektur, und der ganze Komplex erscheint wie ein rustikales Gegenstück zum Mausoleum der Galla Placidia in Ravenna. Der größere Bau, die Kirche Santa Maria, wurde 1146 geweiht und in die Obhut der Kamaldulenser gegeben. Zeugnisse des Lebens dieser religiösen Gemeinschaft sind im *condaghe* gesammelt, das den Mönchen zugleich als Rechnungsbuch und als Chronik diente. 1242 wurde dem einschiffigen Bau an der Seite des Presbyteriums ein Raum hinzugefügt; später dann, im 18. Jahrhundert, wurde ein zweites Schiff angebaut. Zum Fest der Madonna di Bonaccatu (18. und 19. September) versammeln sich hier Gläubige aus ganz Sardinien. Wer der Madonna ein Gelübde abgelegt hat, kann es einlösen, indem er ihre Statue ein Stück weit auf den Schultern trägt. Die am Rande des Prozessionsweges aufgestellten Stände mit gebratenem Fisch und Spanferkelfleisch sorgen für eine besonders lebendige Atmosphäre.

Fünf aragonesische Türme

B ei Santa Caterina di Pittinuri, wo wir bereits auf den ersten der aragonesischen Türme stoßen, biegen wir an den
Kalkklippen auf einen nach Norden führenden Weg ein.
Nach ungefähr einem Kilometer verschwinden die Felsen
nach und nach unter der Vegetation; die Pfade, die auf die
schwarzen Basaltkliffe führen, sind zum Teil nicht leicht aus-

Ausgangsort:
SANTA CATERINA
DI PITTINURI

Zielort:
PORTO ALABE

Länge:
CIRCA 30 KM

*Voraussichtliche
Dauer des Ausflugs:*

8 STD.

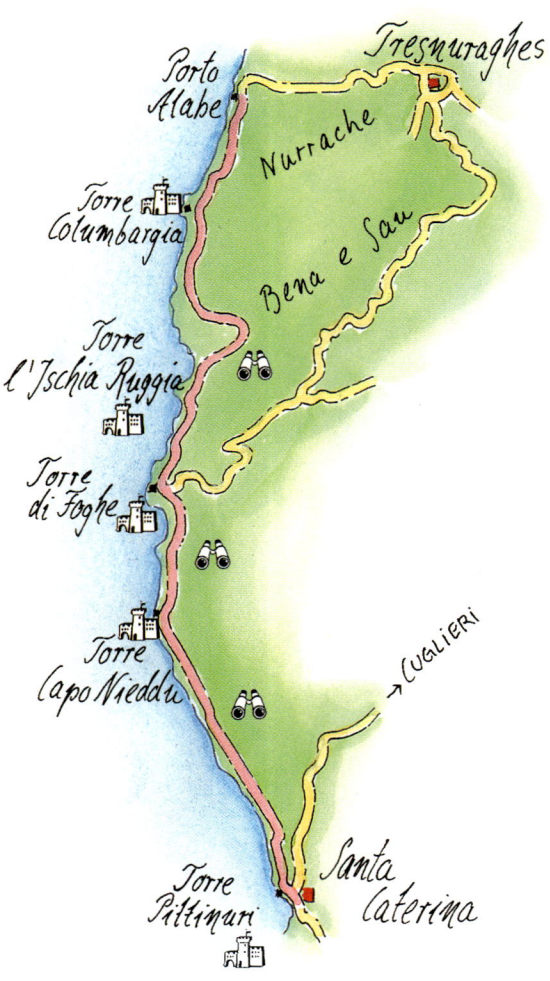

zumachen. Die schwarze, durch die Eruptionen des Montiferru entstandene Mauer hebt sich mit ihren überhängenden
Steilwänden scharf vom Meer ab. Wir gehen eine Zeitlang an
diesen Felsen entlang, müssen dann aber den Einzäunungen
und dem dichten Pflanzenwuchs weichen, die eindeutig auf
ein Naturschutzgebiet hinweisen.

Danach wenden wir uns wieder dem Meer zu und gelangen
nach etwa zwei Kilometern nach Capo Nieddu, wo sich der
zweite Turm befindet. Von hier erreicht man nach ein paar
Kilometern (an manchen Stellen ist die Route unzureichend
markiert) die Nuraghe Foghe, von wo man bis zur Mündung
des Riu Mannu hinuntersteigt. Man muß sehr gut aufpassen,
um die Nuraghe und den Pfad zu erkennen, denn sie sind
zum Teil unter der Vegetation versteckt. Wer will, kann noch
etwas tiefer in den Flußcañon eindringen. Der Aufstieg zum
dritten Turm, dem Turm von Foghe, ist steil und kurvenreich.
Wir gehen weiter auf den Klippen der Steilküste. Unter uns
liegen kleine Sand- und Kiessträude. Nach etwa einem Kilometer gelangen wir zum vierten Turm, dem Turm von Ischia
Ruggia, der auf einer kleinen Anhöhe unmittelbar in Meeres-
nähe emporragt. Wir klettern dann über die Erdpiste, die ins
Landesinnere führt, weiter und kommen wieder auf die asphaltierte Straße, die die Torre di Foghe mit Tresnuraghes verbindet. Wir nehmen diese Straße, biegen nach links ab und
gehen bis zu dem Beobachtungstürmchen der Waldhüter.
Hier müssen wir uns die Genehmigung zum Betreten des ein-
gezäunten Areals holen, aber die freundlichen Waldhüter er-
teilen nicht nur diese Genehmigung, sondern stehen auch für
Auskünfte bereit. Wir kommen wieder in Küstennähe und
gelangen zu einem einsamen Haus auf einem Hügel, fast
senkrecht über dem Meer. Von dieser Stelle aus hat man einen wunderschönen Ausblick: Links sieht man Corona
Niedda mit den dunklen Klippen und rechts bereits unser
nächstes Ziel, die Torre di Columbargia. Sie erreichen wir
nach einstündigem problemlosem Marsch, indem wir den
Hang, der zum Meer hin abfällt, auf einem ziemlich gut markierten, durch Macchia führenden Pfad hinuntersteigen.
Hoch über dem Meer, auf einem felsigen Vorgebirge, wo sich
eine schöne Grotte mit zwei riesigen Bogen direkt über den
Wasserspiegel duckt, steht die Torre di Columbargia, vielleicht die schönste der fünf Türme. Wir gehen an der Küste
entlang weiter, an der kleine Buchten mit Felsklippen ab-
wechseln, und erreichen nach einer Dreiviertelstunde den
Strand von Porto Alabe, den Endpunkt unserer Wanderung.
Hier sollte man sich mit dem Auto abholen lassen.

Tips & Infos
Ausführlicher Adreßteil

Hotels, Campingplätze, Restaurants, Osterie, Weinkellereien, Bars, Cafés, Läden, Werkstätten, Ferien auf dem Bauernhof, von Arcigola Slow Food ausgewählt

Essen und Trinken

Trattoria Roma   Restaurant mit guter Küche
Trattoria Roma★   Restaurant mit bemerkenswert guter Küche
Trattoria Roma★★   Restaurant mit ausgezeichneter Küche, nicht versäumen

 Restaurant, das uns besonders gut gefällt aufgrund seines gemütlichen Ambientes, der traditionellen Küche und der unverfälschten Gastfreundschaft

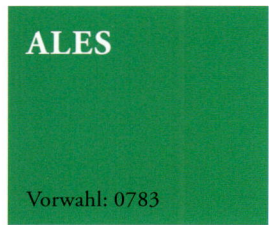

ALES

Vorwahl: 0783

EINKAUFEN

Süßigkeiten
Pasticceria Fiorenzo Atzori
Via Amsicora, 8

Fiorenzo Atzori setzt die einst blühende Tradition der Torroneherstellung von Ales fort. Honig aus dem Monte-Arci-Gebiet, Mandeln aus der Marmilla, das Weiß der Eier aus lokalen Hühnerfarmen, die Schale sardischer Zitronen – das sind die Zutaten seines köstlichen Torrone. Hervorragend sind auch die anderen Dolci aus dem Hause Atzori: gueffus, panis de saba (mit Rosinen gefülltes Brot, dessen Mehl mit Traubenmost gekne-

tet wurde), piricchittus, padruas und biancheddus.

Honig
Luigi Manias
Via Amsicora, 19
Tel. 9 14 77

Luigi setzt eine Familientradition fort, die bis in das Jahr 1917 zurückreicht, in dem sein Großvater als einer der ersten sardischen Imker moderne Bienenzuchttechniken einführte. Daß die Gegend, in der Manias seinen Honig sammelt, sich für die Imkerei eignet, ist seit uralten Zeiten bekannt: In der Umgebung von Pompu nahe Ales heißt zum Beispiel ein wunderschönes pränuraghisches Grabmal su lacu de su mebi, »Honigwanne«. Tatsächlich bietet das Monte-Arci-Gebiet aufgrund der klimatischen Bedingungen, der Eigentümlichkeit einiger Pflanzenarten, des Vorkommens seltener Endemismen und der Unversehrtheit der Umwelt den Bienen ein besonders günstiges Habitat. Dieser junge begeisterte Bienenzüch-

ter-Philosoph produziert neben dem Millefiori-Honig auch Honigsorten aus nur einer Blüte – Affodill, Erika, Distel, Lavendel, Süßklee, Eukalyptus – sowie den seltenen bitteren und aromatischen Erdbeerbaumhonig.

Brot
Panificio Stefano Onnis
Via Gramsci, 68

Hier gibt es gutes traditionelles, schmackhaftes und fein duftendes Brot. Besondere Aufmerksamkeit verdienen su civraxiu, ein großer Rundlaib mit dunkler Kruste und weichem Teig, und is moddixinas, appetitliche Fladen.

Panificio Giovanni Porta
Via Santa Maria, 18

Porta stellt Brot noch nach dem alten A-pasta-dura-Verfahren her, das in Sardinien su coccoi genannt wird. Aufgrund der besonderen Qualität des Getreides gerät das Brot hier schmackhafter als sonst in Italien.

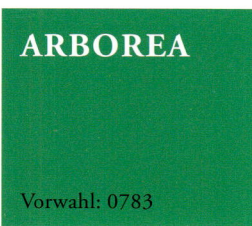

ARBOREA

Vorwahl: 0783

ÜBERNACHTEN

Hotel Ala Birdi
Strada del mare, 24
Tel. 80 10 84-5
Fax 80 10 86
Drei Sterne, 142 Zimmer,
84 davon mit Bad,
Swimmingpool, Tennis, Reitbahn, Bar, Restaurant.
Preise: EZ mit Bad 93 000
Lire, DZ 143 000 Lire, mit
Vollpension 165 000 Lire
pro Person.
Kreditkarten: alle

Dieses ruhige, im Grünen gelegene Hotel verfügt über annehmbare, etwas spartanisch eingerichtete Zimmer im Hauptgebäude und kleine Villen oder Bungalows mit Meerblick. Das Ala Birdi ist als Reiterhof bekannt, und die Pferde spielen hier tatsächlich eine zentrale Rolle. 40 anglo-arabisch-sardische Rassepferde, eine Reithalle, zwei Reitbahnen im Freien und ein Parcours stehen den Hotelgästen zur Verfügung. Qualifizierte Reitlehrer leiten den Unterricht für Anfänger und Fortgeschrittene und begleiten Gruppen auf einem Spazierritt durch die unversehrte Natur der Gegend. Natürlich können aber auch Pferdemuffel in diesem Hotel angenehme Ferien am Meer verbringen und neben dem Strand den hoteleigenen Swimmingpool und den Tennisplatz benutzen. Stechmücken gibt es zwar mehr als genug – wir befinden uns immer noch in einem ehemaligen Sumpfgebiet! –,

aber auch an Desinfektionsmaßnahmen mangelt es nicht. Die Gegend gehört zum Golf von Oristano, und daher hat das Meer hier ein wenig den Charakter eines Binnensees; aber in diesem Haus ist man sehr freundlich, und die Leitung hat sich wirklich einiges einfallen lassen, um die Gäste gut zu unterhalten.

**Campeggio
S'Ena Arrubia**
Tel. 80 05 52
Strada per il mare, 29
Preise: 5000 bis 7700 Lire
pro Person; Stellplatz 10 800
bis 15 000 Lire (Strom und
Wasser inklusive).
Das ganze Jahr geöffnet.

Die 372 Stellplätze für Wohnwagen beziehungsweise Zeltplätze verteilen sich über etwa 100 000 Quadratmeter Pinienwald. Der 50 Meter vom Strand entfernte Campingplatz wird sehr stark von Familien aus dem Umland frequentiert, die ihren Wohnwagen das ganze Jahr über dort stehenlassen. Die Umgebung ist recht gepflegt, der Pinienwald frisch und kühl, die Pizzeria, gemessen an der Qualität, etwas teuer. Die Räumlichkeiten sind sauber. Gutes Personal.

ESSEN

L'Aragosta★
zum Hotel Ala Birdi gehörig
Tel. 80 02 68
Betriebsferien: Januar
Plätze: 50
Preise: 40 000 bis 50 000
Lire, ohne Wein
Kreditkarten: alle

Ohne Einschränkungen zu empfehlen – trotz eines weitverbreiteten, im allgemeinen auch gerechtfertigten Mißtrauens gegenüber Hotelrestaurants. Dieses in einem kleinen, gut eingerichteten Saal untergebrachte

Lokal ist von den übrigen Speisesälen des Hotels abgetrennt. Gut sind vor allem: Zuppa di arselle (Muschelsuppe), Bottarga (Fischrogen), in Öl eingelegte Antipasti, die typischen Salamiarten, tagliolini al nero di seppia, gamberi ai fiori di zucca, verschiedene Grillgerichte und pesce al cartoccio. Hervorragend sind die Süßspeisen. Auch das Preis-Leistungs-Verhältnis stimmt. Annehmbares Weinsortiment.

EINKAUFEN

Milch, Käse und andere Molkereiprodukte

Latte Arborea
Corso Italia, 7

Aus der Gegend der Bonifica stammt die Milch, die diese Molkerei-Genossenschaft pasteurisiert und dann in einem weiten Umkreis vertreibt. Außerdem bietet sie eine breite Palette an Molkereiprodukten an. Im Laden sind ganz frische Mozzarella, Ricotta, Butter, Weichkäse und Pecorino örtlicher Produzenten erhältlich.

BAULADU

Vorwahl: 0783

ESSEN

Su pausu★
Strada Statale 131, km 108
Tel. 5 12 02
Sonntagabend und montags
geschlossen
Betriebsferien: August
Plätze: 120

Preise: 35 000 bis 40 000
Lire, ohne Wein
Kreditkarten: keine

Wenn ein in Strandnähe ge-
legenes Restaurant ausgerechnet
im August Urlaub macht,
spricht das Bände über die
Speisekarte und die Kund-
schaft, an die es sich wendet.
Hier gibt es also weder Fischge-
richte noch Horden schwitzen-
der, lärmender Touristen. In sei-
ner etwas anonymen Schlicht-
heit ist dies ein Restaurant, wo
man die Dinge so zubereitet,
wie man es sich wünscht. Piera,
die Köchin, stammt eigentlich
aus dem Friaul, kennt aber die
Geschmacksvarianten der tra-
ditionellen sardischen Gastro-
nomie; Salvatores Reich ist der
Speisesaal, wo er sich als tem-
peramentvoller, aufmerksamer
Wirt und großer Weinkenner
erweist, und die Tochter Raffa-
ella betätigt sich als kenntnis-
reiche Kellermeisterin. Alle Fa-
milienmitglieder sind von dem
überzeugt, was sie machen,
und versuchen, es so gut wie
möglich zu machen. Als Vor-
speise gibt es Wurst von kleinen
lokalen Produzenten, in Öl
eingelegtes Rebhuhnfleisch, In-
nereien vom Lamm in einer
Sauce aus Weißwein und Ge-
müse; dann folgen als erster
Gang Tagliatelle mit einem
Sugo aus Wildbret, die köstliche
Suppe su succu a sa busacchesa,
Ravioli mit unterschiedlichen
Füllungen – je nach Jahreszeit;
als zweiten Gang gibt es die ty-
pischen Fleischgerichte: Lamm
aus der Pfanne oder, besser
gesagt, anzone pane 'e casu,
gefülltes Wildkaninchen, das
klassische porceddu, Zicklein
und im Sommer auch Lamm-
braten. Hervorragende Aus-
wahl an lokalen Käsesorten,
ziemlich gut das Weinsorti-
ment. Gästen, die hier über-
nachten wollen, stehen auch ei-
nige Zimmer zur Verfügung.

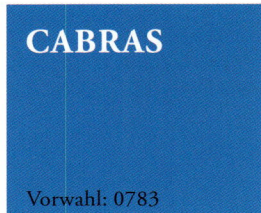

CABRAS

Vorwahl: 0783

ESSEN

Il caminetto
Via Battisti, 8
Tel. 39 11 39
Montags geschlossen
Betriebsferien: November
Plätze: 150
Preise: 40 000 Lire,
ohne Wein
Kreditkarten: alle

Ein etwas chaotisches, stets
überfülltes Lokal mit einer
vielleicht etwas allzu lässigen
Einrichtung, aber mit einer
Küche, die so ehrlich ist wie die
Preise. Das Angebot ist typisch
für die Gegend der Küstenseen:
Fischrogen, die seltenen, nur
leicht angebratenen Seeanemo-
nen, burrida (Katzenhai in To-
matensauce) und anguilla in-
casada (Aal, in der Brotkruste
gebraten). Die Cooperativa Pes-
catori di Su Pallosu liefert stets
fangfrischen Meeresfisch und
in der entsprechenden Jahres-
zeit auch köstliche Langusten.

Leopardi
Via Leopardi, 53
Tel. 29 08 07
Mittwochs geschlossen,
außer im Sommer
Betriebsferien: November
Plätze: 80, zusätzliche Plätze
im Freien
Preise: 35 000 Lire
Kreditkarten: alle

Dieses Lokal war ursprünglich
eine Pizzeria, und gute Pizzas
aus dem Holzofen stehen im-
mer noch auf der Speisekarte.
Aber im Laufe der Zeit hat sich

das Angebot an Fischgerichten
erweitert, und heute deckt es
die gesamte Palette der lokalen
Tradition ab. Recht gut auch
die Süßspeisen und annehmbar
die Weinkarte. Die Preise ste-
hen in einem vernünftigen Ver-
hältnis zur Qualität.

Sa funtà ★
Via Garibaldi, 25
Tel. 29 06 85
Sonntags geschlossen
Betriebsferien: jeweils zwei
Wochen im Juni und
im Dezember
Plätze: 50
Preise: 60 000 Lire,
ohne Wein
Kreditkarten: keine

Der Name von Gigi Leddas Lo-
kal leitet sich von dem uralten
Brunnen her, der im Inneren
zu sehen ist und der noch im-
mer ganz reines Wasser spendet.
»Sa funtà« werden Sie aber lei-
der ebensowenig im Wörter-
buch finden wie die Namen der
Gerichte, die auf Gigis Speise-
karte stehen. Wenn Sie über
keine Sardischkenntnisse verfü-
gen, wenden Sie sich an den
Wirt oder vertrauen Sie einfach
Ihrer Phantasie. Sie können
praktisch nichts falsch machen.
Was aus den Seen und aus dem
Meer stammt, ist raffiniert zu-
bereitet; außerdem gibt es ei-
nige Gerichte aus Lamm-,
Schafs- und Schweinefleisch;
empfehlenswert ist vor allem sa
petta imbinada: mageres, in
Wein eingelegtes Schweine-
fleisch. Guter Pecorino, tradi-
tionelle Süßspeisen, ganz gut
auch die Auswahl an regiona-
len Weinen. Die Preise sind
ziemlich hoch, aber der Qua-
lität der Küche durchaus ange-
messen.

EINKAUFEN

Süßigkeiten

Giuseppe Facella
Via Tharros, 21

In dieser Pasticceria finden Sie die traditionellen Süßigkeiten der Insel Sizilien, wo Facella herstammt, und natürlich auch sardische Dolci, denn er lebt und arbeitet nun einmal in Sardinien. Wir empfehlen kandierten Kürbis und Mandelpaste als ersten, gueffus, amaretti oder pabassinos als zweiten Gang.

Frische Nudelwaren

Da Gesualda
Corso Italia, 64

Ravioli, gefüllt mit Ricotta und Gewürzkräutern, sardische Klößchen und vor allem ganz feine sebadas sind die Spitzenprodukte dieses Hauses.

Frischer und konservierter Fisch

Fratelli Manca
Via Cima, 5

Bei den Brüdern Manca gibt es natürlich täglich frischen Fisch, aber sie haben sich in erster Linie auf die Zubereitung von Fischrogen spezialisiert. Die Eier der Meeräsche, der Rohstoff für die Herstellung des besten sardischen Kaviars, kommen zum Teil auch aus Orbetello, da die Mengen, die die örtlichen Peschiere liefern, nicht mehr ausreichen.

Pescheria Vittorio Mirai
Via Roma, 33

Die Mirais sind junge und unternehmungslustige Leute, in deren schöner Fischhandlung im Zentrum von Cabras nicht nur fangfrischer Fisch verkauft wird, sondern auch geräucherter und getrockneter Fisch und vor allem auch der hervorragende Meeräschenrogen.

HANDWERK

Keramik

Angelo Sciannella
Corso Italia, 207
Tel. 29 02 57

Dieser Handwerker töpfert Vasen, Lampen und andere Gebrauchs- und Einrichtungsgegenstände, die er in seiner Werkstatt verkauft. Interessant und lustig sind vor allem die oristanesischen Wetterhähne sowie die Krüge und Vasen aus der roten Tonerde dieser Gegend, die mit allerlei Tiermotiven verziert sind. Durchgehend geöffnet. Im August geschlossen.

Lederwaren

Graziano Viale
Via Brigata Sassari, 34
Tel. 39 19 12

Wenn Sie sich für die Maske von su Componidori, dem Spielführer der Sartiglia, interessieren – hier können Sie sie ebenso kaufen wie andere für die sardische Folklore typischen Masken (unter anderen den Gnignante aus San Sperate, su Boe) sowie verschiedene Einrichtungsgegenstände.

WEINKELLEREI

Attilio Contini
Via Genova, 48
Tel. 29 08 06/29 01 82

Seit 1898 produziert die Familie Contini in Cabras Vernacciaweine. Man braucht nur die Räume zu besichtigen, in denen feierlich aussehende Holzfässer, gefüllt mit dem Wein zahlreicher Jahrgänge, lagern, um einen Begriff von der hier gepflegten Tradition zu bekommen. Aus einem Verschnitt verschiedener Jahrgänge füllen Paolo und Antonio Contini jedes Jahr den Spitzenwein ihres Hauses in Flaschen ab – den berühmten Antico Gregori,

der immer wieder wegen seiner goldenen Farbe und der Fülle seines Buketts überrascht. Aber die Kellerei der Continis ist mit allen Schikanen des weinproduzierenden Gewerbes ausgestattet und liefert auch hervorragende, allerdings weniger traditionsreiche Weine wie den roten und den rosé Nieddera, die fruchtigen Weißweine Karmis und Arethusa, den Vernaccia di Oristano und einige gute, durch Barrique-Lagerung veredelte Rotweine.

CUGLIERI

Vorwahl: 0785

ESSEN

Desogos★
Via Cugia, 6
Tel. 3 96 60
Montags geschlossen, außer im Sommer
Betriebsferien: keine
Plätze: 90
Preise: 30 000 bis 35 000 Lire
Kreditkarten: keine

Das Restaurant kann bereits auf eine fünfzigjährige Tätigkeit zurückblicken. Hier hat man sich von Anfang an um eine sorgfältige Zubereitung der Speisen und um absolute Treue zur traditionellen Gastronomie bemüht. Es gibt mehrere Fleischgerichte der echten sardischen Küche, zum Beispiel die panadas aus Lamm- und Schweinefleisch, die man sich unter gar keinen Umständen entgehen lassen sollte. Auch das einfache, in Olivenöl eingelegte

Gemüse, das hier zubereitet und als Vorspeise angeboten wird, ist köstlich. Von beträchtlicher Qualität ist aber das ganze Angebot – von den gefüllten Ravioli und den Gemüsesuppen über die Bratwurst und die wunderbaren Pecorino-Käsesorten bis zu den typischen Süßspeisen (wie pabassinos, sebadas und tiliccas). Das Lokal ist rustikal, der Hauswein trinkbar, aber die Preise sind, gemessen an der Qualität der Küche, wirklich günstig. Desogos verfügt auch über 15 kleine einfache, aber saubere und ruhige Zimmer, von denen fünf ein Bad haben (EZ 25 000 Lire, DZ 50 000 Lire).

La meridiana*
Via Littorio, 2
Tel. 3 94 00
Mittwochs geschlossen
Betriebsferien: zweite Oktoberhälfte
Plätze: 40, zusätzlich 20 im Freien
Preise: 60 000 Lire
Kreditkarten: keine

Das Lokal ist klein, aber gemütlich. Emilio, der Wirt, ist ein guter Koch und bietet neben den Spezialitäten der Gegend auch einige Eigenkreationen. Empfehlenswert sind Schenkel vom Lamm und – im Herbst – Pilze vom Montiferru in vielen, stets ausgezeichneten Variationen. Sehr gut auch sa bentre 'e sambine (gefüllter Schafsbauch) und die panadinas. Im Sommer herrschen Meeresspezialitäten vor. Gute, wenn auch ziemlich begrenzte Auswahl an regionalen Weinen.

EINKAUFEN

Fleisch
Macelleria Franco Arca
Corso Umberto

Hier findet man das beste Rindfleisch der Gegend; Franco Arca schlachtet nur Tiere aus eigener Züchtung. Die besonderen Weiden der Montiferru-Hänge verleihen dem Fleisch der Kälber und Rinder einen einzigartigen, fast schon vergessenen Geschmack. Gut sind auch die frischen sowie die abgehangenen Würste.

Süßigkeiten
Barbara Perria
Ortsteil Aligorra, 11

Barbara Perria legt größten Wert auf einwandfreie Zutaten und die gewissenhafte Anwendung traditioneller Rezepte. Ihre pabassinos, pardulas, bianchini oder bianchittos sind über jede Kritik erhaben. Ausgezeichnet sind auch ihre mit Käse oder Ricotta gefüllten Ravioli.

Ugo Sechi
Via Basilica, 11/a

Ugo Sechi fertigt jeden Tag ganz frisch die traditionellen sardischen Süßigkeiten (ricottelle, amaretti, pabassinos, tiliccas) und einige erstklassige Phantasieprodukte an.

Käse
Montiferru Lattiero Casearia
Via Sa Serra

Dies ist die einzige private Käserei in der Gegend westlich vom Montiferru, wo man guten – frischen und abgelagerten – Pecorino-Käse, schmackhafte Ricotta und Schafskäse in kleinen Laiben kaufen kann.

Olivenöl
Giovanni Cocco
Corso Umberto, 95
Tel. 3 60 17

Die Gegend um Cuglieri gehört zu den Gebieten Sardiniens, die sich für den Olivenanbau eignen, und das hier gewonnene Öl wird von jeher gelobt. Giovanni produziert im Sinne einer alten Familientradition und mit Hilfe einer hypermodernen Ölmühle ein außergewöhnlich feines Extra-Vergine-Öl.

FLUSSIO

Vorwahl: 0785

ESSEN

Da Riccardo*
Via Nazionale, 4
Tel. 3 47 52
Dienstags geschlossen, außer im Sommer
Betriebsferien: Oktober
Plätze: 60
Preise: 40 000 Lire, ohne Wein
Kreditkarten: keine

Riccardo Cadoni ist ein Fan sämtlicher Wassersportarten, und so ist es kein Wunder, daß in seiner Trattoria die Fischgerichte an erster Stelle stehen. Austern und rohe oder gebratene Venusmuscheln, Spaghetti mit Fischrogen, Risotto alla pescatora – die üblichen Speisen aller küstennahen Restaurants in Italien, aber hier durch erlesene Zutaten veredelt. Bei Riccardo gibt es auch einige perfekt zubereitete traditionelle Gerichte wie anguille incasadas, panadine, Kapaun mit Kartoffeln und Spießchen mit gemischtem Fleisch. Ausgezeichnet das in Olivenöl eingelegte Gemüse, das als Antipasto serviert wird. Das aromatische Öl kommt aus Cuglieri, dem Geburtsort von Riccardos Frau Graziella, die für die Küche zuständig ist.

EINKAUFEN

Brot
Panificio Dettori
Via Nazionale, 2

Die Produktion der Familie Dettori deckt die ganze Palette der traditionellen sardischen Brotsorten ab – von den typischen palizadas über die cocorrois und covazzas bis hin zu su pistoccu, dem typischen Zwiebackbrot. Auf Bestellung erhält man hier auch »rituelle Brote«.

HANDWERK

Korbwaren aus Affodill
Pietrina Puggioni Zucca
Via Regina Margherita, 44
Tel. 3 48 64

In der ganzen Region ist man stolz auf die alte Tradition der Korbflechterei aus Affodill. Wenn Sie die Hauptstraße von Flussio entlanggehen, werden Sie viele Körbe unterschiedlicher Form sehen, die auf dem Trottoir zum Verkauf angeboten werden. Wir beschränken uns auf diese ausgezeichnete Adresse, obwohl es hier natürlich noch viele andere gute Korbflechter gibt.

WEINKELLEREI

Cooperativa Viticoltori della Planargia
Via Nuova, 8
Tel. 3 48 86

Obwohl dies die einzige Weinkellerei in dieser Gegend ist, hat die Cooperativa noch immer nicht den Bekanntheitsgrad, den ein so wichtiger Wein wie der Malvasia di Bosa verdienen würde. Hier kann man sowohl den lange gereiften Malvasia als auch den jüngeren Malvasia Planargia spumante direkt beim Erzeuger kaufen.

FORDON-GIANUS

Vorwahl: 0783

ESSEN

Zia Adelaide
Via Rosa Sanna, 11
Tel. 6 01 44
Freitags geschlossen
Betriebsferien: keine
Plätze: 50, dazu Nebenraum
Preise: 25 000 Lire
Kreditkarten: keine

Zia Adelaide wartet mit nur wenigen Gerichten und einer Hausmacherküche in der Tradition des Ortes auf. Aber sie verwendet nur erstklassige Zutaten, und das ist das Geheimnis von Zia Adelaide, die das Lokal schon seit vielen Jahren führt. Hier finden Sie mit Ricotta und Gemüse gefüllte Ravioli, hausgemachte Lasagne, Suppen (aus Bohnen, Zwiebeln und Gemüse), Lamm mit Artischocken, su porceddu, Kaninchen mit Oliven und im Sommer auch einige Fischgerichte, in erster Linie Gebratenes; darunter empfehlen wir vor allem die Aalgerichte. Einige (wenige!) Weine aus den Kellereien des Oristanese und

einen ganz guten offenen Wein – alles zu Preisen, die Herz und Portemonnaie erfreuen.

GHILARZA

Vorwahl: 0785

ÜBERNACHTEN

Su Cantaru
Via Monsignor Zucca, 2
Tel. 5 45 23
Zwei Sterne, 25 Zimmer mit Bad und Telefon, Restaurant und Bar.
Preise: EZ 37 000 Lire, DZ 64 000 Lire, Vollpension: 98 000 Lire pro Person.
Kreditkarten: keine

Dieses Hotel, dem auch ein gutes Restaurant mit regionaler Küche angeschlossen ist, bietet Ihnen absolute Ruhe und einen gewissen Komfort. Es liegt mitten im grünen, nur wenige Kilometer von der Statale Abbasanta–Nuoro entfernt, am Rand von Ghilarza.

ESSEN

Al Marchi
Via Concezione, 1
Tel. 5 22 80
Dienstags geschlossen
Betriebsferien: zwei Wochen im Januar und zehn Tage im Februar
Plätze: 80
Preise: 50 000 Lire
Kreditkarten: die üblichen

In einem schönen, für Ghilarza so typischen Basalthaus bieten die Brüder Marchi eine traditionelle Küche guter Qualität mit einigen kreativen Ideen, die manchmal ein wenig improvisiert wirken. Empfehlenswert sind in der entsprechenden Jahreszeit die Pilzgerichte, Würste aus lokaler Produktion, Ravioli »ai marchi«, gegrilltes Fleisch und im Sommer einige Meeresspezialitäten. Beachtliches Sortiment regionaler Weine.

MARINA DI TORRE GRANDE

Vorwahl: 0783

ÜBERNACHTEN

Del Sole
Via Duca degli Abruzzi
Tel. 2 20 00
Fax 2 22 17
Drei Sterne, 54 Zimmer
ohne Klimaanlage und
ohne Fernsehen,
Restaurant, Swimmingpool.
Preise: Hauptsaison
EZ 84 000 Lire,
DZ 126 000 Lire;
Halbpension 110 000 Lire.
Kreditkarten: die üblichen

Marina di Torre Grande ist der Strand der Oristaneser und deshalb im Juli und im August von ganzen Familien bevölkert. Aber der Sandstrand ist breit und die Strandpromenade einladend. Wir empfehlen Ihnen dieses einzige Hotel am Ort, auch wenn es, gemessen an dem Komfort, den es bietet, ein wenig zu teuer ist. Es müßte von Grund auf renoviert oder wenigstens instand gesetzt werden. Aber es liegt nur wenige Meter

vom Meer entfernt und hat einen schönen, großen Swimmingpool. Außerdem ist das Haus behindertengerecht.

ESSEN

Da Giovanni★
Via Colombo, 8
Tel. 2 20 51
Montags geschlossen
Betriebsferien: Oktober
und November
Plätze: 80
Preise: 40 000 Lire,
ohne Wein
Kreditkarten: keine

Dieses etwas altmodische, aber gemütliche Restaurant mit gediegener Küche und einer lässigen, aber effizienten Bedienung gehört schon seit Jahren zu den Lieblingslokalen der örtlichen Bevölkerung. Giovanni ist Teil der gastronomischen Kultur des Oristanese und eigentlich schon eine Institution. Zu seinen Spezialitäten zählen: eine köstliche Creme aus Wolfsbarsch- oder Seebarscheiern, pisci a scabecciu, Spaghetti mit Fischrogen oder mit Meeresfrüchten und herrliche frische Fische vom Grill.

MARRUBIU

Vorwahl: 0783

EINKAUFEN

Käse

SE.PI. Formaggi Pecorini
Strada Statale 131, km 76,1

Die Milch, die die Brüder Sedda verarbeiten, kommt vor allem aus der Barbagia, wo es üppige Weiden mit wohlriechenden Kräutern gibt. Aus diesem erstklassigen, fein duftenden Rohstoff produzieren die Käser unter Einsatz moderner Technologie, aber der Tradition entsprechend mit häufigen manuellen Eingriffen Fior di Barbagia, Fiore Sardo, Ricotta und Schafskäse – Produkte, die man hier, direkt beim Erzeuger, kaufen kann.

Wurstwaren

Salumificio MA.GI.CA.
Ortsteil Is Bangius
Via Case Sparse, 3

In seinem Betrieb mit angeschlossener Verkaufsstelle produziert Efisio Cara vorzügliche Würste, von denen wir Ihnen vor allem lonze, coppe, grandua und musteba sowie einige Schinkensorten empfehlen. Efisio legt in jeder Phase der Verarbeitung äußerste Sorgfalt an den Tag, verwendet vor allem nur Rohstoffe von außergewöhnlicher Qualität und ausschließlich das Fleisch von selbstgezüchteten Tieren.

WEINKELLEREI

Cooperativa vitivinicola
Strada Statale 126,
km 117,450
Tel. 85 92 13

Eine Weinkellerei, die recht gute Weine produziert, aber innerhalb der einzelnen Denominationen sorgfältiger auswählen und auch eine bessere Werbung betreiben müßte. Sie können hier den Campidano di Terralba DOC, den roten Monica di Sardegna DOC und den aromatischen weißen Nuragus di Cagliari DOC kaufen.

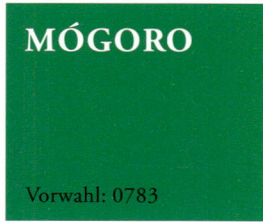

MÓGORO

Vorwahl: 0783

HANDWERK

ISOLA
Via Gramsci, 1
Tel. 99 05 81

Mógoro ist eine kleine Hauptstadt des sardischen Handwerks. Hier finden Sie Werkstätten, in denen Gegenstände aus Holz und Kork hergestellt werden, Goldschmiede sowie Teppich- und Wandteppichweber. Es gibt viele Adressen, und die Qualität der Produkte kann sehr unterschiedlich sein. Deshalb wenden Sie sich am besten an das ISOLA (Istituto sardo organizzazione lavoro artigiano), das in demselben Gebäude seinen Sitz hat wie die Cooperativa Su Trobasciu. Hier können Sie sich informieren und sich dann in Ruhe umsehen, vergleichen und handeln.

WEINKELLEREI

Cantina Sociale Il Nuraghe
Strada Statale 131,
Abzweigung
Tel. 99 02 85/99 04 96

Diese Weinkellerei ist mit Sicherheit eine der aktivsten der Insel und gehört zu den – leider nur wenigen – Produzenten, die einen klaren Begriff von Qualität und Auswahl haben. Und gerade weil sie unter schwierigen Bedingungen operieren muß (der Weinbau geht generell zurück, und außerdem gibt es in der Umgebung nicht weniger als fünf Weinkellereien!), werden ihre Bemühungen noch nicht entsprechend gewürdigt. Gut sind die traditionellen Weine (Monica di Sardegna, Vermentino di Sardegna, genannt Don Giovanni) und hervorragend die Weine aus heimischen Rebsorten, die erst vor kurzem wieder eingeführt wurden, wie zum Beispiel der Semidano.

NARBOLIA

Vorwahl: 0783

ÜBERNACHTEN

Campeggio Is Arenas
Tel. 5 22 84
Geöffnet vom 1. Mai bis zum 30. September
150 Stell- und Zeltplätze
Preise: Hauptsaison 15 000 Lire pro Platz (Strom und Wasser inklusive), 10 000 Lire pro erwachsener Person, 7500 Lire pro Kind.

Im wunderschönen Pinienwald gelegen, der sich bis zu den Dünen des berühmten Strandes von Is Arenas erstreckt, verfügt dieser 60 000 Quadratmeter große – in den Spitzenmonaten allerdings ziemlich überfüllte – Campingplatz auch über einige Holzhütten ohne Komfort (80 000 Lire pro Tag) sowie über einen Supermarkt und eine Pizzeria.

Campeggio Nurapolis
Tel. 5 22 83
Das ganze Jahr über geöffnet
180 Stell- und Zeltplätze
Preise in der Hochsaison:
16 000 Lire pro Platz (Strom und Wasser inklusive), 8000 Lire pro erwachsener Person und 5500 Lire pro Kind.

Dieser Campingplatz grenzt unmittelbar an den anderen an. Er gefällt uns besser als der Campeggio Is Arenas, weil er über zwölf Hektar Wald – also das Doppelte – verfügt. Außerdem besteht die Genossenschaft, die ihn leitet, aus sehr aktiven jungen Leuten. Ignazio Porcedda, einer der Gründer, betätigt sich auch als Führer für Gruppen, die trekken oder Exkursionen machen wollen. Gut sind das Animationsprogramm, der Supermarkt und die Pizzeria.

HANDWERK

Steine, Korallen, wertvolle Metalle
Arte Artistico Artigianato
Vicolo Mariano, 2
Tel. 5 74 85

Gegenstände aus Trachyt, Obsidian, Edelmetallen, Horn, Koralle und Edelsteinen werden hier in Handarbeit und unter Verwendung folkloristischer Themen und Motive in moderner Ausführung hergestellt. In der Werkstatt von Sabine Ursula Voigt können Sie sie das ganze Jahr über erwerben.

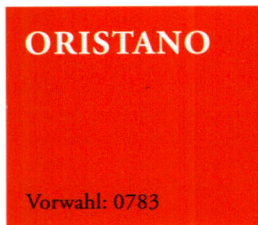

ORISTANO

Vorwahl: 0783

ÜBERNACHTEN

Hotel CA.MA.
Via Vittorio Veneto, 119
Tel. 7 43 74
Fax 7 43 75
Drei Sterne, 54 Zimmer mit
Bad, Telefon, Heizung,
Klimaanlage, Fernsehen.
Preise: EZ 70 000 Lire,
DZ 96 000 Lire;
Halbpension 98 000 Lire,
Vollpension 118 000 Lire.
Kreditkarten: alle

*Dieses moderne Hotel liegt in
der Straße, die die Piazza Mariano mit der Piazza del Popolo
verbindet, also zentral und in
Bahnhofsnähe. Es bietet einen
gewissen Komfort und schlicht
eingerichtete Zimmer in ange-
nehmer Umgebung an – zu
Preisen, die in etwa der Qualität des Service entsprechen,
auch wenn dieser gelegentlich
etwas zu wünschen übrigläßt.*

Hotel I.S.A.
Piazza Mariano, 50
Tel. 36 01 01
Drei Sterne, 54 Zimmer mit
Bad oder Dusche, Heizung,
Klimaanlage, Telefon,
Restaurant, Konferenzsaal.
Preise: DZ 120 000 Lire
(mit Frühstück)
Kreditkarten: die üblichen

*Komfortables,   teilrenoviertes
Hotel im Stadtzentrum. Ideal
für jeden, der die Altstadt zu
Fuß erkunden oder den oristanesischen Karneval mitfeiern
will, denn genau unter den
Fenstern des Hotels endet das
wilde Pferderennen Is Pariglias.*

Mistral
Via Martiri de Belfiore
Tel. 21 25 05
Fax 21 00 58
Drei Sterne, 48 Zimmer mit
Bad, Heizung, Klimaanlage,
Telefon und Fernsehen, Re-
staurant, Bar.
Preise: EZ 55 000 Lire,
DZ 90 000 Lire,
Halbpension 84 000 Lire,
Vollpension 100 000 Lire.
Kreditkarten: alle

*Mitten im Herzen von Orista-
no (Vorsicht also bei den Zimmern, die auf die Durchgangs-
straße gehen!) liegt dieses kleine,
etwas altmodische, aber recht
komfortable Hotel mit an-
nehmbarem Service im Restaurant. Daß die Zimmer mit
Klimaanlage ausgestattet sind,
weiß jeder zu schätzen, der die
für Oristano so typischen schwü-
len Sommertage kennt.*

Mistral 2
Via XX Settembre
Tel. 21 03 89
Vier Sterne, 132 Zimmer mit
Bad, Heizung, Klimaanlage,
Telefon und Fernsehen,
Bar, Restaurant, Konferenz-
saal, Swimmingpool.
Preise: EZ 85 000 Lire,
DZ 126 000 Lire,
Halbpension 110 000 Lire,
Vollpension 130 000 Lire.
Kreditkarten: die üblichen

*In einer ziemlich ruhigen Ge-
gend von Oristano gelegen, ist
das neue, elegante »Mistral 2«
mit seinen geräumigen, gut
eingerichteten Zimmern der-
zeit das beste Hotel der Stadt.*

Villa delle rose
Piazza Italia, 5
Tel. 31 01 01/31 01 17
Drei Sterne, 21 Zimmer
mit Bad oder Dusche, Hei-
zung, Klimaanlage, Telefon
und Fernsehen,
Restaurant, Konferenzraum.
Preise: DZ 120 000 Lire

(mit Frühstück)
Kreditkarten: die üblichen

*Das neue, ruhige, gemütliche
und behindertengerechte Hotel
befindet sich in einem vor kurzem umgebauten Haus. Einige
Zimmer verfügen über eine
Kochnische.*

ESSEN

Craf ★
Via De Castro, 34
Tel. 7 06 69
Sonntags geschlossen
Betriebsferien: keine
Plätze: 50
Preise: 40 000 Lire,
ohne Wein
Kreditkarten: AE

*Wenn man am Abend vom
Strand zurückkehrt, macht es
Spaß, die schöne Via De Castro
entlangzubummeln und an-
schließend bei Salvatore Pippia
einzukehren. Man geht einige
Stufen hinab und nimmt in einem der beiden kleinen Säle
mit den auffallend hergerich-
teten Ziegelwänden Platz. In
dieser scheinbar einfachen, in
Wirklichkeit aber edlen Pizzeria gibt es keine Fischgerichte.
Vom Montiferru kommen die
köstlichen in Öl eingelegten
Pilze und ein Großteil der
Wurstwaren, die hier als Antipasti angeboten werden: grandua, sattizzu, bogadura sowie
gesalzenes und luftgetrocknetes
Fohlenfleisch. Pilze, in Risotto
oder Suppen verarbeitet, oder
mit Küchenkräutern und Ricotta gefüllte Ravioli als zweiter
Gang, und dann die Highlights
der sardischen Fleischgerichte –
Eselsfleisch, porceddu (Spanferkel), crabittu (Zicklein) und
mit Myrte gewürztes Lamm-
fleisch. Die Auswahl an Süßspeisen ist gut, das Angebot an
Weinen nicht übel, könnte aber
noch verbessert werden. Hier
ißt man nicht gerade billig,
aber wirklich ausgezeichnet.*

Da Renzo★
Ortsteil Siamaggiore
Strada Statale 131
Tel. 3 36 58
Sonntagabend und montags
geschlossen
Betriebsferien: zwei Wochen
im Januar
Plätze: 40
Preise: 50 000 Lire
Kreditkarten: alle

Dieses zehn Kilometer von Oristano entfernte große Restaurant gehört zu den bevorzugten Zielen der lokalen Bevölkerung und lockt – offensichtlich wegen seiner Lage an der Carlo Felice – im Sommer auch zahlreiche Touristengruppen an. Aber keine Angst, hier gibt es keine Massenabspeisung! Sicher, die Kellner bewegen sich nur im Laufschritt, Küche und Personal sprühen Funken, und das Angebot an Fischgerichten ist überwältigend. Dennoch: Bei Renzo Corona ißt man gut, ja immer hervorragend. Saisonbedingte Küche unter der absoluten Vorherrschaft von Fischspeisen: Katzenhai in Nußsauce, Tintenfisch aus der Pfanne, marinierte Seebarschfilets, Seebarschpaté, Petersfischsalat, Spaghetti mit Langusten, Tagliolini mit Schwertfisch, Risotto mit Seeigel, Langusten auf sardische Art (ausgezeichnet!). Dies ist nur ein kleiner Ausschnitt aus der breiten Angebotspalette, die im Herbst um Pilze und gebratene Fleischgerichte bereichert wird. Gute Auswahl an regionalen Weinen, ehrliche Preise. An Sommerabenden sollten Sie sich unbedingt einen Tisch in dem schönen Garten reservieren.

Il Faro★★
Via Bellini 25
Tel. 7 00 02
Sonntagabend und
montags geschlossen
Betriebsferien: variabel

Plätze: 45
Preise: 60 000-70 000 Lire
Kreditkarten: die üblichen

Giovanni Brai, der Wirt dieses Restaurants – eines der besten der Insel, ja sogar von ganz Italien –, ist nicht gerade ein extrovertierter Mensch. Wahrscheinlich geht er ganz in seiner Arbeit auf, mit der er nie richtig zufrieden ist: Das Oristanese zieht bekanntlich nicht allzu viele Touristen an, und die Klientel vor Ort garantiert ihm nicht den Zustrom von Kunden, den sein Lokal eigentlich verdienen würde. Seine erlesene, traditionelle Küche beruht auf Rohstoffen von erstklassiger Qualität: Neben den wunderbaren lokalen Rezepten – su succu a sa busacchesa, den klassischen panadine oristanesi, anguidda incasada, Lamm in Vernaccia – gibt es hier Risotto mit wildem Spargel, Krebsschwänze mit Artischocken, Steinpilzsalat, Langustensalat, Rippenstück von Lamm oder Ziege. Wohldurchdachte Gerichte, zubereitet von Giovannis Frau, einer großartigen Köchin. Lassen Sie sich nicht das Pecorino-Sortiment entgehen – ein Hochgenuß erwartet Sie! Die Weinkarte und der Service entsprechen der Klasse des Lokals.

La Forchetta d'oro
Via Giovanni XXIII, 2
Tel. 30 27 31
Sonntags geschlossen
Betriebsferien: einige Tage
um Ferragosto (15. August)
Plätze: 60
Preise: 35 000 Lire
Kreditkarten: alle

In diesem bei den Oristanesern sehr beliebten Lokal kennt die Küche keine Geheimnisse. Hier arbeiten Pietro Scodina und seine Helfer – alle in makellosem Weiß – schnell und vergnügt vor den Augen ihrer Kun-

den. Der Service ist rasch und effizient, die Einrichtung leider ziemlich häßlich, modernistisch. In dem Restaurant geht es immer hoch her, aber es ist sehr sauber und bietet eine familiäre Atmosphäre. Hier bekommen Sie gute Fischgerichte, leicht und schmackhaft zubereitet. Die verwendeten Zutaten sind stets ganz frisch und die Preise ehrlich.

EINKAUFEN

Fleisch

Macelleria Giovanni Piras
Via Mazzini

Diese Metzgerei in der zentral gelegenen Via Mazzini hat sich zwischen den edelsten Boutiquen der Stadt behauptet. Mit Recht: Versuchen Sie zum Beispiel die köstliche weiche Blutwurst! Von ausgezeichneter Qualität ist hier auch das Angebot an Rind-, Lamm- und Schweinefleisch.

Süßigkeiten

Pasticceria Crem Rose
Via Cagliari, 422

An der Straße, die nach Santa Giusta führt, sieht man, fast schon am Stadtrand von Oristano, die modernen, einladenden Schaufenster dieses ganz neuen Geschäftes. Luigi Masala ist ein erfahrener Meister seines Fachs, der sowohl die Spezialitäten der Region als auch die vom Festland in seinem Repertoire hat. Eine bewährte Adresse, wo man auch frühstücken und zum Beispiel die ofenfrischen Brioches und Croissants genießen kann.

Alberto Mele
Via Canepa
Palazzo Cier

Neben der ganzen Palette der traditionellen sardischen Dolci (mustaccioli, gueffus, casadi-

nas, pabassinos) gibt es in dieser reich ausgestatteten Pasticceria eine gute Auswahl an
überregionalen Süßigkeiten.
Sehr gepflegt ist zum Beispiel
das Angebot an Mignons, köstlich das Eis und das Halbgefrorene.

Sorelle Tola
Via Veneto, 136

Hierher kommt man in erster
Linie wegen der echten mustaccioli aus Oristano mit der charakteristischen Rhombenform.
Sie werden aus einem Teig
(Mehl, Zitrone, Zucker) hergestellt, den man bis zu zwanzig
Tagen gehen lassen muß.

Wurstwaren
**Salumeria
Sebastiano Urracci**
Via Figoli, 39/41

Erstklassige Wurstwaren, auch
von kleinen Produzenten aus
dem Umland, Käsesorten von
der Insel und vom Festland,
frische Milcherzeugnisse, unter
anderen die köstliche burrata
di Mondragone (ein sehr fetter
Weichkäse) – dies ist nur ein
Beispiel aus dem Angebot dieses
Geschäftes, das die Feinschmekker von Oristano in eine Pilgerstätte verwandelt haben.

HANDWERK
Keramik
**Cooperativa Artigiana
Ceramisti**
Via Olbia, 48
Tel. 35 81 03

Eine Genossenschaft junger
Leute stellt Keramikgegenstände her, die über die reine traditionelle Folklore hinausgehen:
Hier vermischen sich geschmackvolles, stilsicheres Dekor mit der typischen sardischen Ikonographie. In der
Woche von Ferragosto (um den

15. August) und an Weihnachten geschlossen; Öffnungszeiten
von 8.30 bis 13.30 und von
14.30 bis 18.30 Uhr.

PAU

Vorwahl: 0783

ÜBERNACHTEN

Campeggio Sennisceddu
Ortsteil Sennisceddu
Tel. 93 92 81
Fax 5 22 55
38 Plätze sowie 5 für jeweils
vier Personen eingerichtete
Bungalows
Preise: Hochsaison Erwachsene 6000 Lire, Kinder 4500
Lire, Platz 11 500 Lire,
Bungalow 80 000 Lire.

Ein 20 000 Quadratmeter gro
ßes, mitten im Grünen gelegenes Areal, hervorragend geleitet
von derselben Kooperative wie
der Campeggio di Nurapolis.
Hier ist ein Urlaub in absolut
ruhiger Umgebung und in
gesunder Luft garantiert. Empfehlenswert ist auch das Restaurant wenige Schritte vom
Eingang; es bietet einfache,
sorgfältig und kompetent zubereitete traditionelle Gerichte an.

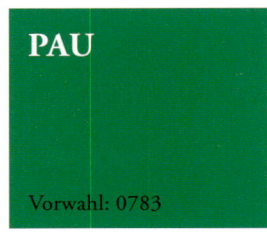

PAULILATINO

Vorwahl: 0785

EINKAUFEN
Brot
Giuseppina Vidili
Via Santa Lucia, 3

Giuseppina Vidili ist Meisterin
in der schwierigen Kunst der
Herstellung des rituellen Brotes, wie es für dieses Dorf typisch ist. Glücklicherweise bemüht sie sich seit einigen
Jahren, jungen interessierten
Leuten aus dem Ort die Kunst
des Teigmodellierens beizubringen: Sie zeigt ihnen, wie das
aus dem holzbefeuerten Ofen
genommene Brot »geschnitzt«
und fein »ziseliert« werden
muß, bis es die Gestalt einer
wirklichen Skulptur annimmt.

HANDWERK
Holzarbeiten
Francesco Demurtas
Via Cavour, 6
Tel. 5 55 30

Seit über dreißig Jahren stellt
Francesco Demurtas kunstvoll
geschnitzte Türen, Fenster, Truhen, Stühle, Kredenzen und
Garnwinden aus Kastanienholz her. Außerdem betätigt er
sich als Restaurator und hält
Kurse für Kunsttischler ab.
Sein Sohn, der einmal die
Werkstatt seines Vaters übernehmen möchte, hilft ihm in
seiner Freizeit. Die Werkstatt
ist täglich – bis auf samstags –
von 8 bis 12.30 und von 14 bis
17 Uhr geöffnet. Es ist aber
besser, einen Besuchstermin zu
vereinbaren.

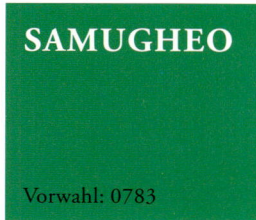

SAMUGHEO

Vorwahl: 0783

EINKAUFEN

Mehl
Giovanni Sulis
Via Sassari, 8

Auch in Sardinien sind die traditionellen Mühlen mit Mahlsteinen immer seltener anzutreffen. Besondere Aufmerksamkeit verdient daher diese Mühle der Familie Sulis, die sich seit vielen Jahren bemüht, die alten Traditionen am Leben zu erhalten und ihre privaten Kunden und Bäcker aus der ganzen Provinz Oristano mit ihren duftenden, aromatischen Mehlsorten – weißes Mehl oder Kleie – zu beliefern.

HANDWERK

Knetmaschinenhersteller
Antonio Manca
Via Kennedy, 157
Tel. 6 40 97

In einem Gebiet, wo das Brotbacken nach Hausfrauenart noch ziemlich weit verbreitet ist, darf ein Mann wie Antonio Manca nicht fehlen: Er stellt nämlich rustikale, aber sehr solide (und formschöne!) Knet- und Schälmaschinen her.

Textilien
Artigianato Sardo
Via Amsicora

Elisabetta Barra
Via Roma, 28

Luisa Barra
Via Petrarca, 11

Cooperativa Medusa
Via Gramsci, 10

G. Deias & E. Pitzalis
Via V. Emanuele, 101

Assunta Locci
Via Amsicora, 17

Luigia Loi
Via D'Annunzio, 7

Nevina Marongiu
Via Grazia Deledda, 15

Giuseppa Medda
Via Torino, 18

Emanuela Meloni
Via San Basilio, 21

Anna Maria Pitzalis
Via Cavour, 33

Basilio Sanna
Via Marini, 24

Samugheo lebte bis in die siebziger Jahre hinein fast ausschließlich von Ackerbau und Viehzucht. Aber seither hat die Bevölkerung, auch unter dem Ansporn der Regionalverwaltung, die handwerkliche Tätigkeit, insbesondere die der Weberei, verstärkt. Heute gehören ihre Teppiche, Taschen und Wandteppiche zu den besten der Insel. Wir beschränken uns auf die Nennung einiger Adressen; aber wie wir Ihnen bereits im Zusammenhang mit Mógoro empfohlen haben, lohnt es sich auch hier, in Ruhe zu vergleichen und auszuwählen.

SAN GIOVANNI DI SINIS

Vorwahl: 0783

ESSEN

Casas ★
Tel. 37 00 71
Freitags geschlossen
Betriebsferien: Oktober
Plätze: 60
Preise: 45 000–50 000 Lire
Kreditkarten: keine

Trotz ihres Alters führen die beiden Schwestern Casas (Maddalena arbeitet in der Küche, Maria an den Tischen – oder umgekehrt) dieses mit einem Hotel verbundene Restaurant in einem der faszinierendsten Orte der Sinis-Halbinsel nach wie vor mit unglaublicher Begeisterung. Absolute Sauberkeit und Ordnung, an den Tischen wie in den Gästezimmern, einfache, aber geschmackvolle Einrichtung, erstklassige Küche: Hier können Sie wirklich alles über die Gastronomie der Stagni-Gegend erfahren (die Schwestern Casas standen lange Jahre im Dienst der Peschiera von Cabras). Pasta alla bottarga, pesce affumau, impanareddas, pezza imbinada, malloreddus a sa campidanesa sind nur einige Beispiele aus diesem großartigen Repertoire. Die Auswahl an Weinen ist im Vergleich dazu etwas dürftig, die Preise sind nicht unbedingt zivil … Aber die Küche ist wirklich einmalig!

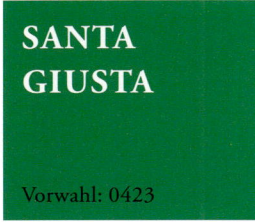

SANTA GIUSTA

Vorwahl: 0423

HANDWERK

Keramik
Pierpaolo Argiolas
Via Canepa
Tel. 35 89 79

Vasen, Teller, Einrichtungsgegenstände, aber auch Masken und besonders Amphoren gehören zu den Kreationen dieses Töpfers, der die verschiedensten Dekorationstechniken beherrscht. Sehr eindrucksvoll sind etwa die ringförmigen Amphoren, die mit dem subkristallinen System verziert sind und deren opalartiges Schimmern an die Gläser von Tharros erinnert.

SANTU LUSSURGIU

Vorwahl: 0783

ÜBERNACHTEN

Pensione Malica
Ortsteil San Leonardo de Siete Fuentes
Via Macomer, 5
Tel. 55 07 56
Ein Stern, 12 Zimmer, alle mit Bad oder Dusche
Preise: EZ 40 000 Lire, DZ 60 000 Lire.

Das Gasthaus ist sehr einfach eingerichtet, aber die Atmosphäre ist herzlich und familiär und der Service gut. Außerdem befindet man sich in unmittelbarer Nähe der wunderbaren Wälder des Ortes, und das heißt, daß man von hier aus Fahrradausflüge, Spazierritte oder Fußwanderungen in die Umgebung unternehmen kann. Im Restaurant wird die typische Küche der Gegend angeboten.

ESSEN

La bocca del vulcano
Via Alagon, 27
Tel. 55 09 74
Kein Ruhetag
Keine Betriebsferien
Preise: 30 000–40 000 Lire
Kreditkarten: keine

Das am Dorfrand – genauer gesagt am Krater des Vulkans – gelegene Restaurant ist einfach, aber gepflegt. Die Küche ist ebenfalls einfach, mit einem Angebot, das in erster Linie Fleischgerichte, auch Wild, und im Herbst köstliche Pilze umfaßt.

EINKAUFEN

Käse
Giovannangelo Piu
Via Cambosu, 17

Ausgezeichneter Pecorino, frisch und abgelagert, und fein duftende, saftige Ricotta – das sind die einzigen Käsesorten, die Piu aus der Milch seiner Herde produziert. Seine am Montiferru gelegenen Weiden garantieren eine köstlich schmeckende Milch.

Totoni Piu
Viale Azuni, 199

Sehr gut sind Pius Käsezöpfe und su casizzolu in Form einer Birne, die aus Kuhmilch hergestellt werden. Frisch zu konsumieren, aber su casizzolu kann, wenn er gut abgelagert ist, auch gerieben werden.

HANDWERK

Messer, Schmiedeeisen
Vittorio Mura & figli
Viale Azuni, 29
Tel. 55 07 26

Die echten Pattada-Messer werden natürlich in Pattada hergestellt, einem kleinen Ort im Logudoro, der in der ganzen Welt für seine ausgezeichneten Messer mit der unverwechselbaren Klinge in Form einer Flamme und der praktisch unverwüstlichen Schneide bekannt ist. Sie werden nur noch von wenigen Schmieden nach uraltem Muster angefertigt. Ein »Pattada«-Messer ist der Traum jedes sardischen Bauern oder Hirten, der, um eines zu besitzen – insbesondere eines mit ziselierter Klinge und einem Griff aus echtem Mufflonhorn – bereit ist, ganz beträchtliche Summen hinzublättern. Wenn Sie nicht unbedingt auf ein Originalprodukt (die in Pattada hergestellten tragen keinen Namen, nur das eingestanzte Siegel der jeweiligen Werkstatt), aber auf hervorragende Qualität Wert legen, wenden Sie sich an die genannte Adresse. Die Familie Mura leistet sehr gute Arbeit – zu Preisen, die wirklich angemessen sind. Außer Messern kann man hier Scheren für die Schafschur, Sporen und Brenneisen für die Markierung von Tieren kaufen.

Fratelli Salaris
Viale Azuni, 183
Tel. 55 02 87

Auch hier bekommt man handwerklich perfekt hergestellte sardische Messer.

Raimondo Soru
Viale Azuni, 2
Tel. 55 09 71

Dieser Handwerker fertigt als einer der ganz wenigen noch schmiedeeiserne Bettgestelle und fein gearbeitete Balkongitter – allerdings nur auf Bestellung.

Holzmöbel
Giovanni Ardu
Via delle Sorgenti, 5
Tel. 55 09 57

Dies ist ein Kunsttischler, der noch die typischen sardischen Truhen mit Intarsien – zumeist Szenen aus dem Landleben und andere ornamentale Figuren – herstellt. Man kann bei ihm auch besondere Einrichtungsgegenstände bestellen.

Lederwaren
Santu Lussurgiu ist eine geheime Hauptstadt des Pferdes: Hier besitzt im Durchschnitt jeder dritte Einwohner ein Pferd! Deshalb beschäftigt man sich hier auch mit der Herstellung so vieler Dinge »rund ums Pferd« – Zaumzeug, Sättel, Stiefel und allerlei sonstige Lederwaren. Wir nennen Ihnen drei bewährte Adressen, aber es gibt noch viele andere gute Werkstätten. Sehen Sie sich in Ruhe um!

Lisa Marlies
Via Azuni, 189
Tel. 55 10 28

Francesco Piga
Piazza S'Eligheddu, 3
Tel. 55 04 11

Giovanni Spanu
Via Monti Lussurgesi, 5
Tel. 55 88 94

SAN VERO MILIS

Vorwahl: 0783

ÜBERNACHTEN

Su Pallosu
Ortsteil Su Pallosu
Via Sa Marigosa, 4
Tel. 5 80 21
Fax 5 80 05
Zwei Sterne, 19 Zimmer
mit Bad
Preise: Hochsaison EZ
60 000 Lire, DZ 90 000 Lire
Kreditkarten: die üblichen

Dieses Haus ist nicht gerade billig – trotz der sehr einfachen Ausstattung –, und von außen sieht es sogar deprimierend aus. Dennoch müssen wir Sie auf die Möglichkeit einer Übernachtung in diesem kleinen, an einer wunderschönen Bucht gelegenen Dorf mit leicht zugänglichen Stränden, kristallklarem Wasser und relativ wenigen Häusern hinweisen.

WEINKELLEREI

Iosto Puddu
Via San Lussorio, 1
Tel. 5 33 29

Wenn Sie die Carlo Felice entlangfahren, werden Sie bestimmt die Weinberge sehen, die den Namen dieses Produzenten, eines der wenigen, die immer noch beharrlich an den Vernaccia glauben, tragen. Seine Spezialität sind die traditionellen herben, vollen Vernaccia-Weine; der 1977er etwa, der vorletzte, der in den Handel ging, ist nicht weniger als zehn Jahre im Faß gereift. Dennoch hat Puddu, um der Ab-

satzkrise dieses wunderbaren, aber problematischen Weins entgegenzusteuern, seine Angebotspalette unter anderen um den Silvestre, einen guten roten Tafelwein auf der Grundlage von Monica-Trauben, den Cala Saline, einen bukettreichen weißen Tischwein, den Vermentino di Sardegna DOC und den Cannonau di Sardegna DOC bereichert.

SÉNEGHE

Vorwahl: 0783

EINKAUFEN

Olivenöl
Fratelli Cosseddu
Via Josto, 13

Die Brüder Cosseddu haben sich erst vor kurzem als Olivenölproduzenten selbständig gemacht. Die Oliven, die ihre Familie schon lange anbaut, werden in der Mühle der Genossenschaft gepreßt, der die Cosseddus angehören. Ihr Olivenöl zeichnet sich durch einen niedrigen Säuregehalt und ein recht intensives Aroma aus.

Oleificio Sociale Cooperativa
Corso Umberto

Beim Olivenöl dieser Kooperative, die über eine moderne Ölpresse verfügt, handelt es sich um eine Komposition von unterschiedlichen Ölen. Die verwendeten Oliven stammen aus verschiedenen Anbaugebieten der Umgebung, die zu den besten der Insel zählen.

SENNARIOLO

Vorwahl: 0785

EINKAUFEN

Honig
Costantino Brisi
Viale Repubblica, 16

Daß der von Costantino Brisi erzeugte Honig ganz besonders gut schmeckt, ist vor allem der sorgfältigen Auswahl der Sammelgebiete zu verdanken. Er bringt seine Bienenkörbe grundsätzlich nur in Gegenden, die von jeglicher Umweltverschmutzung frei sind. Es handelt sich um verschiedene Honigsorten mit unverwechselbarem Duft und Geschmack – nach Rosmarin-, Erdbeerbaum-, Affodill- und Eukalyptusblüten.

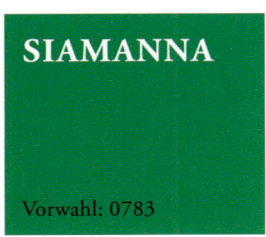

SIAMANNA

Vorwahl: 0783

EINKAUFEN

Käse
Cooperativa Allevatori Ovini
Via Satta, 3

1966 trat eine Gruppe von Hirten, die aus der Barbagia ins Oristanese eingewandert waren, einer Kooperative bei,

die diese um die traditionelle Erfahrung der Hirten und Käseerzeuger der Barbagia bereicherten. Seither hat der Betrieb sein Angebot erweitert und die Qualität seines Käsesortiments ständig verbessert. Die verarbeitete Milch stammt von sardischen Schafen und weist die typischen Merkmale der Milch der Züchtungen des Oristanese auf. Zu den hier produzierten Käsesorten gehören unter anderem der Grand Sardo, der Pepato, ein Schafskäse mit Peperoncinistückchen, der Rigato di Siamanna und der Pastore Sardo. Alle sind von hervorragender Qualität und nicht allzu teuer.

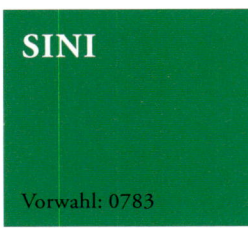

SINI

Vorwahl: 0783

EINKAUFEN

Gemüse, Honig, Torrone
Sa Scrussura
Ortsteil Su Padrosu

Diese Genossenschaft ist 1985 auf Initiative einiger junger Leute entstanden, die sich für den Umweltschutz und eine gesunde Ernährung engagieren. Deshalb hat sich die Gruppe von Anfang an dem biologischen Anbau verschrieben und produziert frisches Gemüse, frische und getrocknete Hülsenfrüchte, Getreide, gemahlen und ungemahlen, Millefiori-Honig und Honig aus den Blüten nur einer Pflanze. Ein Teil des Honigs wird dann, zusammen mit Mandeln aus den

Plantagen der Insel, für die Herstellung eines köstlichen Torrone verwendet. Sie finden die Sa-Scrussura-Produkte, bei denen das Preis-Qualitäts-Verhältnis immer stimmt, direkt bei den Verkaufsstellen der Kooperative, an ihrem Hauptsitz in Sini beziehungsweise in Oristano (»Il Germoglio«). Sie werden auch von der Cooperativa S'Atra Sardigna vertrieben.

TERRALBA

Vorwahl: 0783

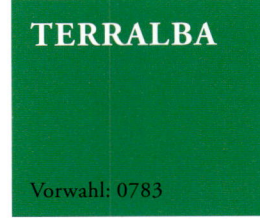

WEINKELLEREI

Cantine Isola
Ortsteil Tanca Marchesa
Tel. 8 22 62

Dieser Betrieb wählt sardische Weine kleiner, aber qualifizierter Produzenten aus, füllt sie in Flaschen ab und vermarktet sie. Hier kann man von Montag bis Freitag gute Cannonau-Weine, Vermentino di Sardegna, Vernago, einen netten, frischen Corallo Rosé und exzellente Grappe aus Malvasia und Cannonau kaufen.

TRES-NURAGHES

Vorwahl: 0785

ÜBERNACHTEN

Piccolo Hotel
Ortsteil Porto Alabe
Tel. 35 90 56
Fax 35 90 80
Drei Sterne, 21 Zimmer
mit Bad
Keine Betriebsferien
Fernsehzimmer, Bar, Disko-
thek, Tennisplatz, Garten,
Restaurant.
Preise: Hochsaison EZ
70 000 Lire, DZ 100 000
Lire, Halbpension
110 000 Lire pro Person
Kreditkarten: die üblichen

*In einem Gebiet wie dem Ori-
stanese, in dem das Angebot an
Hotels wirklich dürftig ist,
müssen wir dieses kleine, schön
gelegene Hotel mit Blick auf
den Sandstrand von Alabe mit
einer Schnecke auszeichnen.
Die Zimmer sind komfortabel
und ruhig, das Personal
freundlich; gut ist auch das Restaurant, in dem Meeresspezialitäten und die typischen Gerichte der regionalen Küche
angeboten werden.*

EINKAUFEN

Süßigkeiten und Brot
Antonina Garau
Via Roma, 103

*Wir empfehlen Ihnen diese
Bäckerei, weil sie den typischen
Brotsorten dieser Gegend – sas
palizadas, su chivalzu, sas covazzas und sos cocorrois – zu*

einer Renaissance verholfen
hat. Interessant sind auch die
Dolci, vor allem die amaretti
und pardulas.

VILLA-URBANA

Vorwahl: 0783

EINKAUFEN

Mehl
Liliana Zucca
Via V. Emanuele, 165

*Es lohnt sich in jedem Fall, Si-
gnora Zuccas Mühle aufzu-
suchen, das alte Gebäude aus
Holz und Stein zu bewundern
und dann natürlich das ausgezeichnete Mehl zu kaufen, das
hier produziert und verkauft
wird.*

Brot
Caterina Crobu
Via Santa Greca, 9

*Caterina arbeitet nur auf Be-
stellung: In ihrem Holzofen
kann sie 10 bis 13 Kilogramm
Brot auf einmal backen. Ihre
rituellen Brote sind wirklich
wunderbar, aber auch das nor-
male Brot wird Sie wegen seines
Dufts und seiner Bekömmlich-
keit begeistern. Lassen Sie sich
nicht von der erforderlichen
Abnahmemenge abschrecken –
sie ist schneller verzehrt, als Sie
glauben!*

ZEDDIANI

Vorwahl: 0783

WEINKELLEREI

Fratelli Serra
Via Garibaldi, 25
Tel. 41 80 16

*Die Brüder Serra sind vor we-
nigen Jahren von ihren Kindern abgelöst worden, die mit
der Herstellung der ausgezeichneten Weine Vernaccia di Oristano und Vernaccia del Tirso
begonnen haben – Weine, die
in der besten Tradition stehen,
aber zu sehr moderaten Preisen
angeboten werden.*

Spaziergänge zwischen
Kunst und Küche

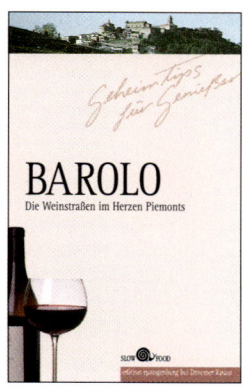

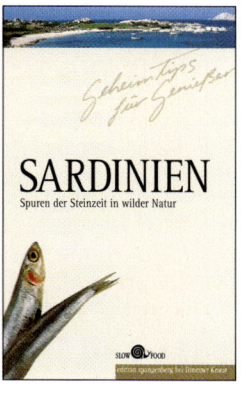

Jeder Band
ca. 140 Seiten,
zahlreiche Karten,
durchgehend
vierfarbig illustriert.

Weitere Bände
in Vorbereitung.

Droemer
Knaur®
edition
spangenberg

SLOW FOOD

Kommen Sie jetzt in den Genuß

Immer mehr Menschen erkennen, daß Essen und Trinken Teil unserer Kultur sind. Darum unterstützen immer mehr Menschen SLOW FOOD. Denn die internationale SLOW-FOOD-Bewegung setzt sich für die Achtung der Lebensrhythmen der Menschen und der Natur als Ursprung aller Nahrung ein; für die Verbreitung hochwertiger Lebensmittel, die naturnah mit sinnvollen Methoden erzeugt werden; für das Bewußtsein, daß jedes Land, jede Region und jede Jahreszeit eine Vielfalt von Nahrungsmitteln hervorbringen.

Darum machen bei SLOW FOOD alle mit: Produzenten und Händler, Winzer und Gastronomen, Verbände und Journalisten – und viele, viele private Genießer.

Mit der Anmeldung zur Bewegung SLOW FOOD International bekommen Sie automatisch Ihre Mitgliedskarte und ohne weitere Kosten die viermal im Jahr erscheinende Zeitschrift »Slow« zugeschickt. Die Mitgliedskarte gibt Ihnen die Möglichkeit, Rabatte und Vorteile, die unseren Mitgliedern exklusiv vorbehalten sind, weltweit zu nutzen. Außerdem werden Sie regelmäßig über SLOW-FOOD-Veranstaltungen in Ihrer Region informiert.

Ja, ich möchte in den Genuß kommen und werde Mitglied bei der Bewegung Slow Food International.

Name

Vorname

Firma

Straße

Postleitzahl/Ort

Land/Region

Telefon/Fax

Beruf

Datum/Unterschrift

Jahresbeitrag: DM 95,–, öS 650,–, sFr 120,–.
Die Mitgliedschaft gilt 1 Jahr. Sie kann danach jederzeit und ohne Angabe von Gründen gekündigt werden.

Zahlungsart:

☐ Überweisung auf das italienische Postscheck-konto von SLOW FOOD beim Ufficio postale di Bra (Cn) – sede N°. 23-31 Konto Nr. 17251125 (Überweisungsdurch-schlag liegt bei)

☐ Visa / Master Card

☐ American Express

☐ Karten Nr.:

Ablaufdatum

Ort/Datum

Unterschrift

Bitte diesen Coupon kopieren und einfach in einen frankierten Umschlag stecken oder faxen an: SLOW FOOD INTERNATIONAL OFFICE, VIA DELLA MENDICITA ISTRUITA 14 I-12042 BRA (CN), TEL.: 0039 172 41 12 73, FAX 0039 172 42 12 93